千古奇战系列

破釜沉舟

巨鹿之战

姜正成◎主编

中国财富出版社

图书在版编目（CIP）数据

破釜沉舟：巨鹿之战/姜正成主编. —北京：中国财富出版社，2015.7

（千古奇战系列）

ISBN 978-7-5047-5709-8

Ⅰ.①破… Ⅱ.①姜… Ⅲ.①秦末农民战争-史料 Ⅳ.①K233.01

中国版本图书馆 CIP 数据核字（2015）第 100328 号

策划编辑 张彩霞　　责任印制 方朋远
责任编辑 白 昕 杨 曦　　责任校对 杨小静

出版发行 中国财富出版社
社　　址 北京市丰台区南四环西路 188 号 5 区 20 楼　　邮政编码 100070
电　　话 010-52227568（发行部）　010-52227588 转 307（总编室）
　　　　 010-68589540（读者服务部）　010-52227588 转 305（质检部）
网　　址 http://www.cfpress.com.cn
经　　销 新华书店
印　　刷 北京晨旭印刷厂
书　　号 ISBN 978-7-5047-5709-8/K·0180
开　　本 640mm×960mm　1/16　　版　　次 2015 年 7 月第 1 版
印　　张 17.5　　印　　次 2015 年 7 月第 1 次印刷
字　　数 218 千字　　定　　价 38.00 元

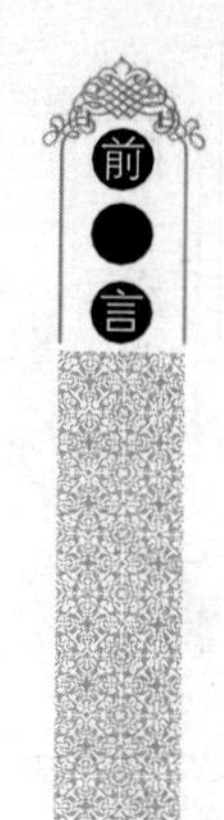

前言
QIAN YAN

巨鹿之战，是秦末大起义中，项羽率领数万楚军同秦名将章邯、王离所率四十万秦军主力在巨鹿（今河北省平乡）进行的一场决战性战役，也是中国历史上著名的以少胜多的战役之一。项羽破釜沉舟，以大无畏精神在各诸侯军畏缩不进时率先猛攻秦军，带动诸侯起义军一起全歼王离军，并于数月后迫使章邯的二十万秦军投降。从此确立了项羽在各路义军中的领导地位。经此一战，秦朝主力尽丧，名存实亡。

在楚军与秦军厮杀时，其他诸侯的军队都在营垒上观战，不敢援楚。只见楚军士兵无不以一当十，喊杀声惊天动地，诸侯军人人都惊恐不已。打败了秦军后，项羽便召见诸侯军将领。这些将领进入辕门时，没有一个不是跪着前行的，谁也不敢仰视。项羽从此成为诸侯军的上将军。

项羽是一个无敌勇士、杰出将领、盖世英雄，却不是一位合格的政治家。在战胜秦军后，他坑杀降兵；在攻破城池后，他多次下令屠城，就连阿房宫也被他付之一炬。他做了什么建设性工作？从史料上看不出。从某种意义上说，项羽是输在文化上。他没有远大规划，没

有执政理想，就是一介武夫。曾经依附他的韩信、英布都离他而去，连最重要的谋士范增也被他活活气死了。

反观刘邦，从善如流，细大不捐，既有韩信、彭越这样的名将，也有萧何、张良、陈平这样的谋士。入关以后，约法三章，恢复秩序，财宝无所取，妇女无所幸，做好了治理天下的准备，所以刘邦得天下不是偶然的。得到天下以后，儒生叔孙通帮刘邦制定朝仪，建立封建统治秩序。一个平民出身、满口粗话的刘邦，现在居然像模像样地当起皇帝来了。

不过项羽也是可敬的。他刚正磊落，在鸿门宴上，始终不肯暗算刘邦；在兵败乌江时，他不肯逃回江东，宁可悲壮地死，也不屈辱地生，表现了人格的高傲。

项羽本是天下第一的勇将，可是，当天下需要安定，人民渴望休息的时候，逞勇斗狠就不合时宜了。否则，征战杀戮何时会有尽头？英雄也有被人厌弃的时候。在第二次世界大战中带领英国人抗击德国法西斯的丘吉尔，第二次世界大战后再次竞选首相却失败了，为什么？因为老百姓不需要你了。

刘邦建立汉朝以后，把韩信、彭越这些特别能打仗的人都一一除掉了。这和宋太祖杯酒释兵权是一个意思，只是手段更残忍些罢了。韩信、彭越等人打仗的本领，在战争年代被锻炼得炉火纯青，他们每个人都是强大的毁灭机器，在和平年代，这么大的战斗力往哪释放呢？只好把他们压制住，如果他们不服压制，只好消灭掉了。这也是不可避免的悲剧。

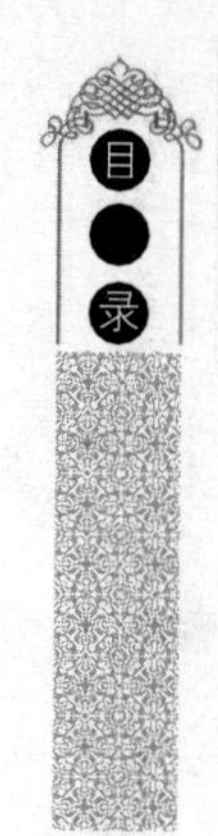

目录 CONTENTS

第一章　秦末乱世

司马迁说，秦二世统治时期“用法益刻深”，就是说，其专制统治的严酷，可能更超过了秦始皇时代。当时，不仅“黔首振恐”，而且“宗室振恐”，社会上下都被深重的黑色恐怖所笼罩。

第二章　章邯反击

章邯官拜少府，本是九卿中最低层次的财税官员。不过他属秦部落贵族，从小接受严格的武学训练，加上心思周密，从编组骊山众的成效看来，章邯的确具有相当不错的指挥能力和领导魅力。

第三章　少年项羽

天生武将的条件，加上幼年的困苦环境，使项羽颇具领袖气质，年纪轻轻便颇有大志和主见，独立性亦强，因而项梁非常看重他，似乎倾尽全力想培养这位没有父母的孤儿早日出人头地。

第四章　刘邦发迹

刘邦首先到大庙祷告黄帝，以象征志在恢复天下秩序，并在广场祭祀战神蚩尤。之后，刘邦下令战鼓齐擂，并以牲血祭鼓，所有旗帜均采用红色战旗，人数虽不多，但阵容还算壮大。

第五章　峥嵘初露

项羽躲开秦兵的箭矢，带着士兵们冲到了城门下。他命令士兵们抬着一根巨大的木桩，一起用力往城门撞去。一下，两下……城门终

于被撞开了。项羽率先进入了襄城，他手提宝剑，在敌阵中横冲直撞，所到之处，秦兵纷纷倒下。

第六章　巨鹿之战

史书记载，破釜沉舟之后，项羽召见大家，各位将领进项羽的辕门之后，“无不膝行而前，莫敢仰视”，意思是都脆着前进，头都不敢抬。从这个时候起，项羽名声大震，成为了真正意义上的起义军总司令，没有人敢不听项羽的。

第七章　刘邦先入关中

刘邦大军击破蓝田关后进兵灞上（今陕西省西安市东），与张良、萧何等人商议，决定先礼后兵，给秦王子婴送去一封劝降书。子婴看到刘邦兵临城下，朝中官员也纷纷逃亡，自知山穷水尽，回天无力，只得答应投降。

第八章　西楚霸王

分封完所有的将领，处理了旧时六国王族的事情以后，项羽自封为西楚霸王，统治楚国和魏国东面的九个郡，以彭城为都。至此，项羽的事业达到了一生中的顶峰，各国诸侯都对他俯首称臣。

第九章　韩信入军

如此具体的建言，刘邦自然也完全信服。他当场表示自己只恨太晚认识韩信，才会平白承受了数月的痛苦，如今一席谈话便使他顿然茅塞全开。于是他将东进的计划完全委派韩信去规划，军队也完全归韩信去部署指挥。

第十章　楚汉相争

项羽听说刘邦逃到了成皋，便率军紧追不放并包围了成皋。成皋城池的坚厚程度，比不上荥阳的十分之一，根本无法抵抗楚军。刘邦只得继续逃，逃出成皋北门后，刘邦马不停蹄地逃到修武，之后又逃到了韩信和张耳的军中。

第十一章　死亦为鬼雄

这时，乌江亭长正撑船等候在江边，项羽向他奔了过来。乌江亭长对项羽说：“大王赶快登船，现在乌江上下只有臣有船，汉军追来后，就无法再渡江追赶了。大王，江东虽小，犹有千里之地，数十万百姓，亦足以称王再争天下！”

第十二章　尾声

刘邦平定陈豨之乱后，回到长安。他听说淮阴侯韩信被诛杀，既欣喜，又惋惜。他问吕后：“韩信死时说了什么话？”

吕后回答说：“他说后悔没有听蒯通的计策。”

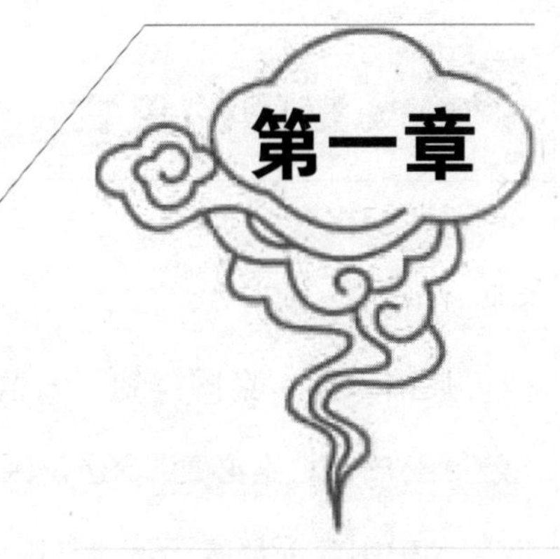

秦末乱世

司马迁说，秦二世统治时期“用法益刻深”，就是说，其专制统治的严酷，可能更超过了秦始皇时代。当时，不仅“黔首振恐”，而且“宗室振恐”，社会上下都被深重的黑色恐怖所笼罩。

楚国的灭亡

战国末期，秦国谋划灭六国，统一天下。在楚地流传着一句话，“楚虽三户，亡秦必楚”。这是因为，楚国是一个地大物博的国家，当时整个中国南部都属于楚，秦国灭楚可费了很大的劲。

当时的秦王嬴政决定灭楚，问众将灭楚需要多少军队。年轻气盛的李信说要二十万，老将王翦认为非要六十万不可。秦王听了王翦的话产生了戒心，王翦、王贲父子俩重兵在握，现在又要六十万大军，莫非有了异志？

秦王考虑再三，决定让李信、蒙恬领兵二十万攻楚。王翦察觉到秦王对自己有所疑忌，于是请求告老还乡，秦王来个顺水推舟，同意了王翦的请求。

楚国的统帅项燕临危受命，组织了联盟式的楚军体系来对抗秦军的攻击。

李信、蒙恬率兵二十万采用分进进击，两翼钳形攻势来对楚军进行包围歼灭。

什么是两翼钳形攻势呢？秦军一路由蒙恬指挥，沿汝河两岸前进，从正面进攻。另一路则由李信亲自率领，从汝水向南，迂回楚军左翼，最后在城父与蒙恬会师。

李信的策略如果指挥得当的话，完全可以完成对楚军的包围，从而一鼓作气全歼敌人。

但不幸的是秦军碰到了一个同样很有实力的对手——项燕。

项燕看到秦军迂回侧击想进行两翼包围。先是按兵不动，等李信攻破平舆，蒙恬占领寝城，渡河东进转变行军方向后，才开始率领楚军的主力部队，兼程急进，尾袭在李信的后面，实施战略追击。

据史书记载，这场战役打了三天三夜，秦军连日所筑的堡垒都被楚军给攻破了，而且在这一仗中李信光是都尉一级的军官就损失了七人。如果不是蒙恬带军掩护，李信这一战即使不死，也是被俘。

这次战役是秦军继宜安战败于李牧后的又一次惨败。

李信战败的消息传回咸阳后。秦王很生气。

但面对这种情况又该如何进行处理呢？思之再三，秦王决定起用王翦，并亲自到频阳走了一遭，请王翦率队出征。

王翦见到秦王亲自来请，心里虽然很感动，但还是没忘了最初的那个条件：非六十万兵力不去楚国。秦王答应了他。

王翦率六十万大军从秦境出发到达楚境。

六十万兵力，即使是在战国后期，也是相当庞大的一支部队，是秦王朝的倾国之兵。秦王生性多疑，将六十万的兵力全权交给王翦，虽然是无奈之举，但心中肯定充满了不安。这一点，王翦看得很明白。为了稳住秦王以使自己能够在楚境拥有完全的战争主导权，他对秦王耍了一次政治手腕。这就是他的高明之处，他不仅能够统兵陷阵，决胜千里，还能够在政治上游刃有余，安然若素。

他向秦王大肆索要良田、屋宅、园地，而且在出兵攻楚之后，他还陆续派遣使者回到咸阳向秦王表达他的这种意愿。

王翦的这种做法，表面上看是为子孙置业，其实正好打消了始皇的怀疑，使他能够在前线安然用兵。事实证明，他的这一招十分有效，自始至终秦王都没有干预他的军事领导权。

王翦到达楚境后，便让部队在商水、上蔡、平舆一带深沟高垒进行固守，这种布防充分显示了王翦的战争艺术。因为这三地在地理位置上呈“品”字形排列，互为犄角。这在冷兵器时代，可以说是占尽了地理优势，而且王翦还严令部队不许出战。这也是有原因的：一是楚军和赵军是战国里面最能打硬仗的两支部队，而且楚军刚刚击败李信的部队，士气正旺。和这样的部队对垒，一着不慎，就有可能功亏一篑，甚而满盘皆输。二是秦国已经灭了韩赵魏三国，没有什么后顾之忧，无论是粮秣运输，兵源补充，还是后勤补给等问题都解决了，已经具备了打持久战的基础。反观楚国则无论是政治还是军事都已经远远落后于秦国。

一个弱势，一个强势。以弱势对抗强势，这场战争就很有意思了。怎么打，是一个技术；能不能打好，则成了一种艺术。具备这种战争艺术的人，中国历史上有很多，比如我们后面要讲到的韩信，项羽。

项燕不行，为什么呢？项燕也许看出了王翦的意图，做出了如下部署：将楚军主力屯兵淮河北岸，深沟高垒，以静制静，等待秦军的攻击。对于楚国来讲，这是一种相对安稳的战术。事实上，如果他真的这么去操作的话，那么楚国不会那么快灭亡。

楚国的战斗力在当时毕竟是相当强大的，虽然到了战国末期，诸强都已经被攻灭，但以楚国的实力对抗秦国，还是有的一拼的。可惜事实并非如此，《史记》记载：荆兵数出挑战，终不出。这里面很可能还有其他未知的因素，否则以项燕的能力，怎么会出现“数出挑战”

这一结果呢？

中国古代战争决定胜负的原因，除了兵力的多少，兵源的优劣，统帅的决策外，还应有一些附加项。比如：皇上是否英明、粮草是否充足、天气气候是否适宜、地理条件是否优越、士气是否旺盛等。之所以把粮草提到了天时、地利、人和的前面，是因为中国古代多次战争的胜利都是从粮草一项打开了缺口。比如巨鹿之战，项羽首先攻击的就是秦甬道。

甬道，就是为了运送粮食而修筑的两侧筑墙的通道。再比如：我们都知道萧何是汉初三杰之一，但他却从来没有上前线打过仗。他最大的贡献就是无论刘邦在前面怎样折腾，他都在汉中、关中一带默默地给予兵源和粮秣的支持。所以，汉朝建立后，刘邦坐了龙庭，给大臣评功劳榜的时候，萧何第一。当然任何战争的胜利最终起主导作用的还是人民，这个我们略过不谈。现在再回到项王之战。

项燕数出挑战，可能就有皇上和粮草两种因素的影响。楚王负刍远不如秦王嬴政雄才大略，高瞻远瞩。这两人之间差着十万八千里的距离。史书记载，楚王负刍在数次令项燕进攻王翦无果的情况下，甚至责备项燕有怯战思想，基于这种情况，项燕只能“数出挑战”。另一方面则是基于粮草补给的问题，楚国国力日衰，秦国正如日中天。而两相固守的消耗战打的是国力基础。显然楚国不具备打消耗战的基础，无奈之下，项燕求战。

王翦固守不出，而且还每日让士兵洗沐，并吩咐下去好吃好喝好招待，这还不算，他还同士兵同桌共食。要不说王翦是老狐狸吗，就这么个养法，绵羊都能养成老虎，何况虎狼之秦。等到了士卒憋得投石跳远的时候，王翦乐了——士卒可用矣。

秦军不出，楚王催得又急。项燕试图引兵向东。他究竟是出于什么目的做出的这种部署，史书没有给出解释，透过历史的复原我们也无法看出他的真实目的。但他的这种部署却显然给秦军创造了绝佳的尾袭机会——将后军暴露给了敌人。

王翦很快发现了他的这一漏洞，并紧抓战机，从后面发动尾袭追击。这是项燕对付李信时用过的一招，现在又被王翦用来摆了他一道。这种情况下交手，项燕的胜算接近于零。首先双方的士气已不可同日而语。秦军经历了长期固守，求战心理强盛，兼且又是从楚军的背部发动攻击。而楚军因为突然面对秦军的攻击，心态上已经乱了，士气自然大受打击。并且楚军在东奔过程中又为涡河所阻。其次楚军是松散的联盟式阵线，各部族之间没有一个强有力的统领措施，向心力不强，打胜仗的时候，大家好吃好喝还好说，一旦遇到点挫折，便会分崩离析，集合得快，散得也快。这种情形下，楚军大败。

项燕一直被王翦追到蕲南，被乱军所杀。这一年是秦始皇二十四年（公元前 223 年），项羽九岁。

沙丘政变

公元前221年，秦将王贲率大军攻陷齐都临淄，齐军不战而降，齐王被俘，齐国随之灭亡。至此，东方六国尽数平定，结束了春秋战国以来诸侯割据、混战的局面，建立了我国历史上第一个中央集权的封建国家——秦朝，定都咸阳。秦王嬴政自认为自己的功劳胜过三皇五帝，决定采用一个比“王”更尊贵的称号——皇帝。又因为他是历史上第一位皇帝，所以称为“始皇”。

秦始皇三十七年（公元前210年），秦始皇东巡，左丞相李斯、右丞相冯去疾以及公子胡亥随行。

秦始皇和他的随行人员从咸阳出发，向东南行经云梦，然后浮江而下，视察吴越旧地，又登会稽山（今浙江绍兴东南），临望东海。然后沿着海岸北上，来到黄海之滨的琅邪（今山东胶南）。接着继续沿海岸行进，抵达荣成（今山东荣成）、之罘（今山东烟台）等地。

秦始皇的车队又继续西行，到平原津（在今山东平原）时，这位辛劳的皇帝终于病重不起。

病情愈益恶化的秦始皇用皇帝玉玺封书赐监军于上郡的公子扶苏，命令他与丧车相会于咸阳，主持丧事。

七月丙寅这一天，秦始皇在沙丘平台（今河北广宗西北）去世。

这位使中国得到统一的王者的人生历程结束了。秦人叱咤风云，号令天下的英雄时代也结束了。

左丞相李斯因为皇帝死于京城之外，担心诸公子及天下会发生变乱，于是决定秘不发丧。

秦始皇的车队一如既往，继续行进。他的遗体被装载在可以密封车厢的辒辌车中，百官奏事，宦者奉食，都像平常一样。

当时正值暑季，尸车散发出恶臭，李斯、赵高等人又吩咐车队加载一石鲍鱼，以掩盖其气味。

秦始皇赐公子扶苏的诏书虽然已经封缄，却停置在主持机要办公事务的中车府令赵高手中，没有来得及交付使者发出。赵高因为曾经教授胡亥文书法律知识，私人关系较为密切，于是和胡亥、李斯阴谋毁掉秦始皇所赐扶苏书，重新伪造秦始皇遗诏，假称秦始皇生前交付丞相李斯，立公子胡亥为太子。

赵高在阴谋帮助胡亥取得皇位继承权的同时，又和胡亥、李斯伪造赐公子扶苏及将军蒙恬书，责问其罪过，并且令其自杀。

扶苏、蒙恬心有疑惑，但扶苏从父赐子死不能违抗的观念出发，随即自尽。蒙恬不肯自杀，被囚禁在阳周（今陕西子长北），后来也被迫吞药而死。

这样一来，对胡亥地位的主要威胁都被排除了。

胡亥及赵高、李斯的车队经行直道回到咸阳。在这一年（公元前210年）的九月，在骊山安葬秦始皇。

骊山，是秦始皇经营多年的陵墓。关于秦始皇陵的修筑，司马迁在《史记·秦始皇本纪》中记载，秦始皇刚刚即位，就开始了陵墓修筑工程，统一天下之后，各地派来的工徒多达七十余万人。

秦始皇安葬后，为了防止施工人员和丧事劳务人员将有关陵墓结构和封藏的信息泄露于世，秦二世竟然采取了全数杀害“工匠”“臧者”和“宫人”的残暴手段。

十月戊寅日，秦二世胡亥诏令大赦罪人，正式宣告自己继承了帝位。这正是秦始皇去世之后的第七十二天。

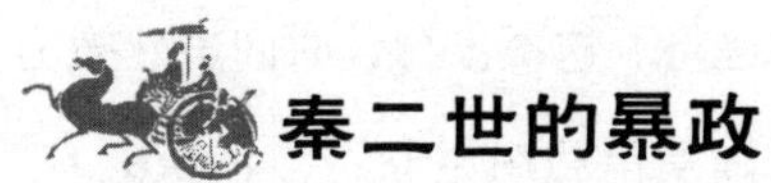

秦二世的暴政

秦二世胡亥是以非法手段取得帝位的。他担心诸公子及大臣疑而不服，导致变乱，于是密谋杀害诸公子及先帝故臣。在咸阳处死了十二位公子，在杜县（今陕西长安西南）处死了十位公主。

《史记·李斯列传》记载，公子高曾准备逃走，又担心其家属受到残害，于是上书请求从葬于郦山脚下。胡亥准许了这一请求，并赐钱十万予以安葬。

赵高对秦二世说：“先帝临制天下年久，所以群臣不敢发表不同的政见。现今陛下年轻，刚刚即位，如何在与公卿廷议决策大事时维护权威呢？如果所言有误，那么就在群臣面前暴露了短处，天子称‘朕’，本来就是说不能轻易让别人听到他的声音的意思。”

秦二世信从了他的话，于是常居于宫禁之中，只单独会见赵高决定朝事，公卿大臣也很少能够朝见。这种严重内在封闭性特征的政治

形式，使新政权原有的积极的政治活力也被完全窒息了。

司马迁说，秦二世统治时期“用法益刻深”，就是说，其专制统治的严酷，可能更超过了秦始皇时代。当时，不仅“黔首振恐”，而且“宗室振恐”，社会上下都被深重的黑色恐怖所笼罩。

秦时专制制度的明显弊病，已经严重妨碍了政治机器的正常运行。

秦二世当政初，年仅二十一岁。他自以为年少，即位不久，百姓不能集附，又仰慕秦始皇巡行郡县而威服海内的事迹，决意东巡。据司马迁在《史记·秦始皇本纪》中的记载，秦二世元年（公元前209年），李斯、冯去疾等随从新主往东方巡行。这次出行，时间虽然颇为短暂，行程却甚为辽远。秦二世及其随从由咸阳东北行，抵达碣石，又沿海岸南下，至于会稽，又再次北上至辽东，然后回归咸阳。

四月秦二世回到咸阳，七月就爆发了陈胜起义。不久，秦王朝的统治就迅速走向崩溃。可以说，秦二世巡行郡县以炫耀强权、威服海内的政治目的，其实并没有实现。对沿途山海之神都一一礼祠所表现的虔敬，似乎也没有得到预期的回报。

从秦二世东巡经历所体现的行政节奏，可以反映出这位据说辩于心术而讪于口才的新帝对秦始皇所谓“勤劳本事”“夙兴夜寐”“朝夕不懈”“视听不怠”，以及每天“以衡石量书”，不完成审阅一百二十斤文书的日夜定额则绝不休息的勤政风格的继承。但是，秦王朝所面临的政治危机，已经不是一两个政治活动家凭个人的才智和努力能够挽回的了。

秦王朝统治时期，民众所承受的最沉重的负担，是徭役的征发。

这一现象的极端表现，是征发“闾左”服役。据说正是因此才导致了政权的崩溃。汉代人总结秦王朝灭亡的原因，往往以“发闾

左之戍”与“收泰半之赋”并称。“闾左”，就是“闾佐”“里佐”，也就是秦王朝基层政权的基本支持力量。他们本来是基层农耕生产的组织者和地方治安秩序的维护者。徭役的过度征发，已经使这些人受到冲击。

政治危机已经演进到无以挽回的严重地步，出现了人人自危，欲叛者众的局面。

赵高久居宫禁，熟悉上层政治生活，又精于权术。他使秦二世逐渐疏远李斯，自己得以把握政治中枢的决策大权。

二十一岁的秦二世信用赵高，排斥异己，繁刑严诛，赋敛无度，以致政治危机越来越严重。

赵高用尽心机强固自己的地位和权力。能够反映他当时丑恶的政治表演的是著名的“指鹿为马”的故事。

赵高有心全面专权，却又担心群臣不能全数顺从，于是先自设计测验。他将鹿进献于秦二世，而号称为马。秦二世笑道：“丞相弄错了吗？竟然谓鹿为马。”于是问左右，左右或者沉默不语，或者称马以阿顺赵高。也有个别称其为鹿的，赵高都因此暗中谋害，后来群臣都不得不畏惧赵高。

李斯的悲剧

李斯是楚地上蔡人。年少时，曾经任郡小吏。他看到吏员宿舍的厕所里的老鼠吃的都是不干净的东西，又因为经常被人和狗所惊吓，惶惶不可终日；但是仓房里的老鼠，却平素不受惊扰，坐拥满仓谷物，没有饥饿之忧。于是感叹道：一个人的地位，就好比老鼠一样啊，最重要的，是选择好所处的位置。

李斯曾经向荀子学帝王之术，后来辗转来到秦国，开始从政。

韩国水工郑国为了削弱秦国的国力，动员秦国组织大规模的水利工程，并主持设计和施工。这就是后来的“郑国渠”。事情发觉后，秦国宗室大臣劝说秦王，认为诸侯国人来秦国做事的，都是有心效忠其主而力求败坏秦国的，“请一切逐客”。

李斯也在被逐之列。但他著文力陈开放政治对于秦国的益处，希望秦王坚持任用别国来客。这就是著名的《谏逐客书》。

秦始皇于是废止逐客之令，破格任用李斯。李斯后被任为廷尉。秦统一六国之后，又升任丞相。李斯以敏锐的政治眼光，说服秦始皇实行郡县制。明法度，定律令，李斯也出力甚多。

秦始皇去世后，李斯在沙丘参与赵高、胡亥等策划的政变。

秦二世上台之后，推行极端专制的政治制度，甚至李斯等人也不能轻易向秦二世直接提出政策建议。

关东反秦起义军的兴起，严重威胁了秦王朝的统治，秦二世屡次责备李斯居三公之位而未能安定天下。李斯曲意逢迎秦二世，建议进一步强化君权，严酷刑罚，以谋求建立所谓君主独制于天下而其他力量无所制约的绝对集权的政治体制。一时路人中受刑致残者往往多达半数，死刑犯的尸体每天都堆积于街市，执法残厉、杀人众多的官员却被看作忠臣。

秦二世听从赵高的建议，深居于宫中，政事都由赵高来决策。赵高诬称“丞相居外，权重于陛下”，又提出对李斯之子，当时担任三川郡守的李由可能与关东反秦起义军暗自联络的怀疑。

李斯与右丞相冯去疾、将军冯劫进谏秦二世，请求减轻民间赋役，停止阿房宫工程，却被秦二世下狱治罪。秦二世二年（公元前 208 年）冯去疾、冯劫被迫自杀，李斯被腰斩于咸阳市。

李斯在走向刑场时，对同行的儿子说：“我想和你一块儿，再牵着黄狗出上蔡东门行猎，追逐狡兔，岂可得乎？”说罢父子抱头痛哭。

李斯被处死，其三族也被夷灭。此后，秦二世任命赵高任中丞相，无论大小事都由赵高决定。

有人说，李斯是极端忠正而冤死的刚直之臣。司马迁则说，李斯身为三公，明知正确的政治原则，却不能规劝主上纠正偏差，在政治强权面前阿顺苟合，推行苛政酷刑，又听从赵高的劝说，发动政变，拥立秦二世。在天下反叛力量群起之时，方才劝说秦二世修正暴虐之法，不是已经太晚了吗！

李斯的悲剧，在于贪求个人权位，依附黑暗政治，甚至不惜助纣为虐，最终自己也葬身于权争的旋涡之中。

大泽乡起义

当时的社会局势，一面是秦朝统治阶层内部的残杀；一面是下层百姓被逼无奈的反抗。最先举起反秦义旗的是陈胜、吴广。

陈胜，阳城人，字涉。吴广，阳夏人，字叔。陈胜年轻时，曾经和别人一起被雇用耕田。一次当他停止耕作走到田埂上休息时，感慨恼恨了好一会儿，说：“假如谁将来富贵了，大家相互不要忘记了。”和他一起受雇用的伙伴们笑着回答说：“你是被雇给人家耕田的，哪能富贵呢?”陈胜叹息着说：“唉！燕子、麻雀这类小鸟怎么能理解大雁、天鹅的远大志向呢!”

秦二世元年（公元前 209 年）七月，居住在里巷左边的贫民被征调去防守渔阳，一共有九百人驻扎在大泽乡。陈胜、吴广都被编入这次征发的行列之中，当了屯长。恰遇天下大雨，道路不通，他们估计已经误了到达渔阳规定的期限。过了规定的期限，按照法律规定是都该杀头的。

陈胜、吴广就商量说：“如今逃走也是死，起义干一番大事业也是死，同样都是死，为国事而死好不好?”陈胜说：“天下受秦王朝统治之苦已经很久了。我听说二世皇帝是始皇帝的小儿子，不应该他来继位而是公子扶苏。扶苏由于屡次规劝皇上的缘故，皇上派他领兵在外地驻守。如今有人听说他并没有什么罪，却被二世皇帝杀害了。老百姓都听说他很贤德，不知道他已经死了。项燕原是楚国的将军，多次立功，爱护士兵，楚国人都很爱戴他。有的人以为他已经死了，有的人以为他逃亡在外躲藏了起来。现在假使我们冒用公子扶苏和项燕的名义，向天下人民发出起义的号召，应该会有很多人响应。”

吴广认为很对。于是他们就去占卜吉凶，占卜的人知道他们的意图，说道：“你们的事都能成，能够建功立业。然而你们向鬼神问过吉凶了吗？”陈胜、吴广很高兴，揣摩占卜人所说向鬼神问吉凶的意思，说：“这是教我们先在众人中树立威望。”于是就用朱砂在一块白绸子上写了“陈胜王”三个字，塞进别人用网捕来的鱼肚子里。

戍卒买鱼回来煮着吃，发现了鱼肚中的帛书，对这事自然觉得很奇怪。陈胜又暗中派吴广到驻地附近一草木丛生的古庙里，在夜里点燃篝火，模仿狐狸的声音叫喊道：“大楚兴，陈胜王。”戍卒们在深更半夜听到这种鸣叫声，都惊恐起来。

第二天早晨，戍卒中到处议论纷纷，都指指点点地看着陈胜。

吴广一向关心人，戍卒中很多人都乐意听他使唤。押送戍卒的将尉喝醉了，吴广故意多次扬言要逃跑，以激怒将尉，让他当众侮辱自己，借以激怒众人。将尉果然鞭打了吴广。在将尉拔剑之际，吴广奋起，夺剑杀死将尉。陈胜也前来协助，合力杀死两个将尉。

随后，他们召集并号召下属说：“你们遇雨，都误了期限，误期应当杀头。假如不杀，戍边而死的人本来就十之六七，况且壮士不死则已，要死就要举世留下大名声。王侯将相哪有天生的啊!”

下属都说：“我们恭敬地接受您的命令。”

于是，他们便冒称公子扶苏、项燕举行起义，顺从民意。戍卒们

都裸露右臂，号称大楚。他们修筑高坛盟誓，祭品就用将尉的头。陈胜自立为将军，吴广为都尉。

起义军攻下大泽乡，招兵扩军进攻蕲县，蕲县攻下后，就派符离人葛婴带兵攻略蕲县以东地区并攻下铚（今安徽省濉溪县）、酂（今河南省永城市酂城镇）、苦、柘、谯等县。行进中不断招兵扩军。等到达陈县时，已有战车六七百辆，骑兵千余人，步兵数万人。

起义军攻打陈县城时，郡守、县令都不在，只留下守丞在谯门中抵抗，不胜，守丞战死，便入城占领陈县。过了几天，陈胜下令召来乡官三老、地方豪绅都来集会议事。三老、乡绅们都说："将军您身披铠甲、手执锐利武器，讨伐无道，铲除暴秦，重建楚国，论功应该称王啊。"于是陈胜就自立为王，号称张楚。

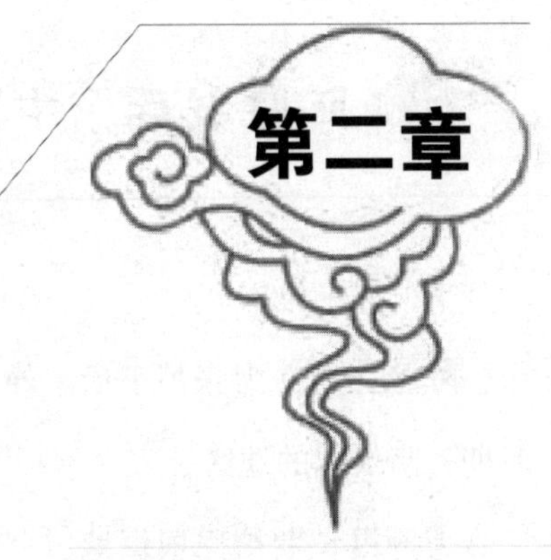

章邯反击

章邯官拜少府，本是九卿中最低层次的财税官员。不过他属秦部落贵族，从小接受严格的武学训练，加上心思周密，从编组骊山众的成效看来，章邯的确具有相当不错的指挥能力和领导魅力。

陈胜发兵，中原全面动乱

陈胜在自立为张楚王后，便派出了不少军力，分别经营原先战国时期各诸侯国的地区。

为抢得长期粮秣根据地，“假王”吴广的主力军全力抢攻粮仓荥阳。但固守荥阳城的是秦王朝的宰相李斯之子李由，他原任三川郡（洛阳）郡守，动乱再起时，李由便主动安抚境内百姓，并亲自率军守住荥阳。

以军略而言，吴广并不如李由，因此虽然兵力占有绝对优势却无法攻占荥阳，只在城外对峙，将荥阳城团团围住。

陈胜不得已，再派出自己的主力部队，由周文率领，直接由颍川攻打三川郡城，并企图直入函谷关，威胁咸阳城。

周文是陈胜手下首席大将，负责全军统御任务，如同现在的参谋总长职衔。

但周文其实是个文人，作战的实务经验不多。他曾是楚国名相春申君的宾客，项燕举兵对抗秦国南征部队时，周文曾出任项燕参谋，因此对名将项燕的战术有相当程度的了解。加上他学问好、口才佳，组织力又强，谈起往事，头头是道，让人觉得项燕的战绩有一半应属他的功劳。

由于陈胜军团中的将领大多是民间流寇出身，实在没有能力指挥正规作战，因此陈胜只好全权委托给稍有军事知识的周文了。

周文这时已是六十余岁的老人，体力和反应大不如前，但到底经验丰富。他不但迅速攻下颍川，更集结各地前来投奔的部队达数十万人，兵车也有数千乘，浩浩荡荡攻向函谷关。

在陈胜分派到各地的军团中，较为重要的尚有武臣、张耳、陈馀经营赵地，汝阴人郑宗经营九江郡，韩广经营燕地，周市经营齐地，葛婴经营吴地。

张耳为大梁人（魏国），年轻时曾当过信陵君食客，后犯罪逃亡中，得到外黄县富翁之助，不但将女儿嫁给他，并且运用钱财帮助张耳重建声名，终能出任外黄县令，进入魏国的贵族阶级行列。

陈馀也是大梁人，年轻时好儒术，曾长期游学于赵国。和张耳相同，他的岳家也是千万巨富，因此两人不但有才名，而且有相当的财力作后盾。

陈馀比张耳年轻一个辈分，因此一直尊重张耳为父执辈，两人成为忘年之交。

张耳在早年曾认识刘邦，由于他个性慷慨好施，获得刘邦的敬重。

秦国击灭魏国后，张耳及陈馀流亡在外，由于他们两人在魏国民间声望颇高，朝廷特别下令缉捕："凡缉获张耳者，赏千金，缉获陈馀者，赏五百金。"

两人不得已化名逃亡，藏匿于陈城，为里监门（里中卫队）自求生活。

有次里吏责陈馀办事不力，便鞭笞他，陈馀怒，欲起身反抗，张耳阻止了，并以身掩护，代陈馀受刑笞。里吏怒消离去，张耳带陈馀

至外面桑树下，责备他：“我一再教导你，难道你都忘了？我们两人责任重大，怎可为一小吏之辱而寻死?”

陈馀立刻答谢，两人并向天地共誓，结为生死与共刎颈之交。

陈胜占领陈城时，张耳偕陈馀共见之，因两人素有贤名，陈胜非常高兴，聘他们为参谋。

陈胜欲自立为王，张耳阻之，认为应先攻打秦廷，重建战国时代六国之后裔，并宣示以天下为公，据咸阳，诛暴秦，以成帝业，但未被陈胜接受。

陈馀又劝陈胜，应派兵经营赵地，因为赵人一向强悍善战，若得赵军支持，就不用再担心秦国之武装部队了。

陈胜便以自己的亲信——陈国人武臣为将军，邵骚为护军，以张耳及陈馀为左右校尉，率三千人北向攻掠赵地。

武臣等由白马津渡过黄河北上，原赵国贵族后裔及地方长老纷纷响应，结集了数万兵马，号为武信君，并攻下赵地十余县城。

秦失其鹿，天下共逐

赵高成了“假皇帝”，他权力欲甚重，事无巨细，均干涉。但对于平定流寇、重建天下秩序之事，他却拿不出一点办法。为了不让自己的弱点暴露，他竟下令不可在朝廷上讨论流寇之事。

等到周文的大军进逼到函谷关口一个名叫“戏”的要塞时，赵高才大感惊慌。

他一面埋怨李斯等在政事处置上的失当，另一方面也只得向胡亥报告，希望借用皇帝的威权来解决此危机。

突然接到这个紧急军情的胡亥也吓了一大跳，如同醉梦中刚醒过来的人，他焦急地求救于满朝文武。

对关东流寇问题了解最多的，是主管渔政和税政的少府章邯。

战乱发生不久，影响最大的便是各地方的租税和渔税，因此章邯比任何人都了解问题的严重性。半年来，哪个地方已沦陷，哪个地方仍平靖，他都一清二楚。虽属文官，但他是传统的秦部落贵族后裔，有武学的基础素养，加上个性果断，度量宽宏，颇得人心，在文武官员中拥有不少朋友。平常交谈中，他们便常论及有什么方法可以应付当前的危机。因此对于这次战乱，章邯的思虑最为完整而周密。

由于蒙恬及诸公子事件，不少秦国原有的武装部队都被编入骊山陵的罪犯劳役中，其中更不乏作战力甚强的秦部落传统军团。为了对抗周文急奔而来的大军，唯有重编这股潜在的军事力量才足以胜任。

当天，章邯详细分析流寇态势，并向胡亥提出建议：“盗贼大军已至，声势浩大，即使我们想召集附近的郡县守军来对抗，恐怕也远水救不了近火。在骊山陵劳役的罪犯中，不乏过去的军团，只要先赦免他们，重新编组，再加以短期集训，便足以对抗来犯的盗贼了。”

赵高虽对章邯抢尽风头的表现颇多不满，但以李斯为首的重臣却强烈支持章邯，胡亥自己又无主见，赵高本身也不懂军事问题，只好顺水推舟地交给章邯去办了。

胡亥于是下令大赦天下，命令章邯赴骊山免除“骊山众”之“罪行”，重新编组军团，至于人员不足部分，则将奴隶阶级的后裔也收编为后勤部队，迅速开往战场。

章邯大开府库，将秦军传统的黑色战袍战盔全部发给骊山众人，连旌旗也是黑色的。重整后的大军更显出一派凄厉、宏伟的模样，满山遍野，乌黑一片，军容十分壮观。

章邯反击

秦王朝最后一员大将章邯将骊山众组成了秦皇朝的最后一股防卫力量，总人数高达20万。

最先逼近函谷关的叛军，是由周文指挥的陈胜主力部队，人数虽已难考证，但也有数十万之众。

两位阵前大将都缺乏实际作战指挥的经验。

章邯官拜少府，本是九卿中最低层次的财税官员。不过他属秦部落贵族，从小接受严格的武学训练，加上心思周密，从编组骊山众的成效看来，章邯的确具有相当不错的指挥能力和领导魅力。

周文是项燕军中负责占卜和观测天象的参谋，虽没有实际上场拼战的实力，但编组和调动军队也算相当在行，加上长年军事历练累积出的经验，使他自认是陈胜阵容中的首席大将。

骊山众虽是劳役罪犯，但至少有一半以上是身经百战的秦部落军团。加上章邯擅长包装造势，整齐划一的黑色戎装，全黑的旌旗，使他们呈现出钢铁般的坚强斗志。虽然他们是政争中的牺牲品，对王朝权贵难免心存怨恨，但他们能为保卫乡土而背水一战，故士气相当高昂。

反观周文军团大多是由投机的杂牌军组成，他们虽是为求生存而反叛，但早期的过分顺利，使他们多少陷于骄傲又缺乏信心的矛盾心态中。虽然周文利用谋略制造声势，使原本士气低落的守军节节败退，但接下来他们所面对的却是一股怨气冲天、正想找地方发泄的生力军。双方一接触，胜负立分。赢得太顺利，使周文失去了应有的警戒心。

攻入函谷关，即进入了平坦的关中盆地。由于周文率领的是来自各地的杂牌军团，指挥及调度困难。因此在进攻咸阳前，周文有意先行重新整编，并和陈胜的总指挥部取得联系决定在关内附近驻营。由于人数庞大，以及补给粮食的方便，营区的部署极广。

财政官员出身的章邯，比一般将领更重视情报的收集。当他得知周文军团进入函谷关后便分散驻营、暂时休息的消息，立刻判断出周文军指挥困难，警戒心松弛。于是他下令组成精锐的突击军团，由自己率领，火速攻打周文的大本营。

宛如一片乌云凌空而降，章邯的黑旗加黑衫军团，制造了压倒性的视觉震撼效果。周文大本营军队无心作战，纷纷溃逃。周文无法应付这一状况，眼看大势不妙，他老人家自己先抛弃军队，落荒逃出关外，直奔曹阳，才勉强稳住阵脚。

章邯的军队虽较少，但他以集中的兵力击溃周文主力军，其余的

杂牌军见状，立刻一哄而散。陈胜的主力大军至此完全崩溃，这也是陈胜阵营中的第一场大败。

抗秦英雄，穷途末路

在各地诸侯纷纷恢复之际，章邯再度展开进击。章邯的首要对象，仍设定在陈胜的军团。

由于初期过分顺利，陈胜的地盘和兵员扩增了不少，却也暴露了陈胜不善于指挥及领导的弊病。

章邯最为倚重的军事统帅周文虽能乘势攻入函谷关内，但一碰上章邯的骊山众军团便被击得溃败，充分显现这支非正规的杂牌军团作战力脆弱。

周文甚至根本无法节制败军，只好一口气逃到河南的曹阳，才勉强稳住阵脚。他重新配置防线，总算守了两个多月，章邯虽也曾派出先锋部队前来干扰，但均为周文军所挡。

章邯不得已亲率主力前往攻击，周文信心已失，料不能守，乃主动再撤向渑池。章邯见周文不战而逃，立刻率队急追十余日。撤退中的张楚军为章邯追及，立刻展开猛烈攻击，张楚军溃散，周文在绝望中自刎而死，残军全部投降。

陈胜的主力部队，意外遭到迅速的歼灭。

屋漏偏逢连夜雨，另一股主力也在内斗中实力大减。

和陈胜共同创业的吴广，在军队中一向比陈胜受人欢迎，虽然吴广表现得忠诚恭谨，但好猜疑的陈胜却愈形不安。

吴广奉命率主力部队攻击谷仓荥阳时，陈胜特别派亲信大将田臧暗中随军监视吴广。荥阳守将为秦王朝宰相李斯之子李由，颇富谋略及责任心，加上吴广缺乏指挥大军经验，虽兵力拥有绝对优势，但在李由坚守不战下仍束手无策。

等到张楚王主力部队周文军团溃散后，陈胜及张楚军嫡系将领人心惶惶。而吴广拥重兵又毫无绩效，万一章邯再率军袭击，恐怕吴广军团也非溃散不可。因此陈胜有意收回吴广兵权以自保。

其实，在接到周文兵败消息时，吴广的将领们便也吓坏了。面对少数城兵，吴广都显得无能对付，万一章邯内外夹击，那非遭到毁灭不可。

田臧在陈胜的暗示下，乘机鼓动部将道："周文的主力部队已被攻溃，秦军早晚会到这里来。我们在此久围荥阳城不下，秦军攻到，内外夹击，我军必会大败。不如先保留少数兵力守荥阳，大军主动向秦军挑战，至少不会坐以待毙，并可获得攻击的先机。可惜假王（吴广）恃权而骄，又没有指挥作战能力，不足以和他计事，如果不杀了他，此事恐怕会失败。"

田臧假传陈胜军令，突击吴广大本营，诛杀了吴广，并将其首级派人献给陈胜。陈胜却也表示默许，并派使者赐封田臧为楚令尹，以为上将，代替吴广领军，即日准备迎击章邯。

田臧派李归等留下来继续包围荥阳，自率大军北上，在西北方的敖仓与章邯前来的援军进行野战。

章邯由情报中得知荥阳围军阵前易帅，立刻亲率先锋兵团疾驰南下，正逢田臧军进至敖仓，张楚军阵势尚未排好，章邯便发动猛攻。结果田臧措手不及，大本营被击溃，田臧本人被刺杀在营帐内，张楚军人数虽较多，但群龙无首，立刻四处溃散。

章邯一不做二不休，领战胜军团，毫不休息便直接向荥阳城外的少数包围军团展开攻击。李归等心慌意乱，仓皇应战，立刻遭到击溃，李归及部将全部殉职，荥阳围城也获得解救。

这时陈胜仍守在陈城不敢动，是进是退似乎已失去分寸。在陈城北方，尚有两股反秦的小势力，其一是阳城人邓说起兵于郯县，另一股为铚人伍逢居兵于许城。

章邯立刻派部将攻击邓说，自己率军攻打伍逢，两人料不能敌，乃主动率军退至陈城，归附陈胜。想不到力量已日趋衰颓的陈胜，竟贪图这两股小势力，便找借口擒杀邓说，伍逢害怕，立刻交出兵权，陈胜便进而合并了不少半独立的小军团。

陈胜败亡

其实，陈胜在攻占陈城、自封张楚王之时，由于势力膨胀迅速，早已显出他缺乏领袖能力的弱点。

归附的人越多，便必须供应越多人的生活必需品，并安排他们的工作。陈胜似乎缺乏这个气魄，他为越来越大的压力而焦躁不安。

尤其是对谷仓荥阳的攻击不利，使现有粮食出现不足危机。陈胜束手无策，开始出现不择手段的自保行为，个性变得暴躁、小气、缺乏远见，早失掉了当年首倡反秦的气魄。

加上生活程度改善太多，过于优裕的享受，腐蚀了创业的雄心，使他越来越无法忍受危险和苦痛。

陈胜自立为张楚王数个月后，有不少早年和他同为佃农的友人到陈城来，直接上宫殿表示要见陈胜。守门人严拒纳之，并将之逮捕，友人一再表示自己和陈胜的老友关系，虽被释放，但仍被赶了出来。

友人不甘心，乃在府邸外等待陈胜。数日后，陈胜外出巡视，友人立刻遮道呼之，直呼其名“陈涉”。陈胜惊视之，故人也，便召见之，并载之入宫殿中。

友人见王宫之华丽，不禁表示：“陈涉呀，您今天称王，这地方太华丽了，真让人羡慕呀！”

友人出入王宫次数多了，和官员混熟了，便不忌讳地谈起了陈胜年轻时最不愿为人所知的心酸事。

左右亲近立刻向陈胜警告：“您的友人愚钝无知，胡乱说话，为了吾王威严，饶他不得。”

盛怒下的陈胜，下令斩杀该友人。

陈胜的老友见之，皆寒心，纷纷暗中离去，使原来的主要班底丧失大半。

从此以后，留在陈胜身旁的亲信只剩下严苛虐待部局、喜欢察察为明的“拍马屁”大将。其中，朱房宫居中正，胡武为司过，由

中央控制驻在各地的部将，有不遵守王令者，立刻击而罪之。诸将由是逐渐离心，只有陈胜及少数亲信还自以为威信已立，犹扬扬得意。

陈人秦嘉和符离人朱鸡石等起兵围攻东海郡守的郯城，也曾邀请陈胜出兵协助，陈胜便派遣武平君畔为将军，统辖管理郯城附近的义军。等到陈胜势衰，秦嘉等人不愿再受其节制，乃自立为大司马，并假借陈胜命令，突击杀害武平君，从此又成为独立的“实体”。

像这样的事件多起，陈胜原本松散的组织立刻呈崩溃之势，阵营中只剩下陈城附近的亲属部队，甚至有不少原属嫡系军团也都宣告独立。

另一方面，为强化章邯讨贼的“骊山众”军团，秦王朝中央政府乃加派长史司马欣和董翳率自局军团协助章邯，以加速讨贼之功。

秦二世二年（公元前 208 年）9 月，章邯发动总攻击，目标指向陈胜的大本营陈城。

众叛亲离，全面溃亡的陈胜发令要求各地军团紧急勤主，却毫无反应。惊慌下，陈胜只好率领少数直属军团逃离陈城转往汝阴。

章邯乘势迫击，再破柱国房君的军团，房君战死。陈城西面的防御将领张贺军团奋力阻挡秦军，双方进行小型会战，陈胜亲自前往监军；不幸又遭击溃，张贺战死，陈胜落荒而逃。

汝阴守不住了，陈胜一口气逃到下城父（今安徽省）。

当时兵粮全无，将士全在挨饿，不能提供饱腹的陈胜，已丧失了当领袖的资格。

大本营外围挤满了要求粮食的散兵游勇，甚至不少部将也领头抗命，陈胜躲在营帐中不敢出来，连护卫的贴身部队也呈现不稳现象。

“干脆杀掉陈胜，投降秦军吧！”

哗变气氛越来越浓，陈胜恐慌，急忙叫马车准备逃逸。想不到一向为陈胜驾马车的庄贾乘势拔出利刃直刺陈胜腹部，陈胜大声呼号。哗变将士一举冲入，庄贾斩下陈胜首级，率领少数人马，向秦军投降去了。陈胜的残余部队也因而溃散。

张楚王国寿命仅仅六个多月。

不过陈胜的心腹大将吕臣，当时正镇守汝南地区，接到噩耗，乃在新阳城举事，全军戴青帽，号称“苍头军”，成员均为陈胜嫡系的楚国人，他们矢志继续陈胜遗志，并立刻攻击陈城。

章邯为了迅速平息各地叛军，乃下令庄贾的降军守陈城，自己则和司马欣、董翳继续分头向东南和东北进军。

不久吕臣的“苍头军”很快攻破陈城，斩杀庄贾，为陈胜复仇，并在陈城建立楚国。

陈胜被杀时，仍有不少部属以他为抗秦第一人，嘉其义勇，便将身躯葬于砀地（今河南省永城芒砀山）。

刘邦胜利后，曾到过砀地，以陈胜起义为抗秦首功，因此参拜其坟以王侯之礼，并置 30 户人家于其坟旁，负责祭祀清扫。到司马迁修《史记》时，这个传统祭典犹在，因而司马迁也将陈胜编入与“王侯”同等的世家中。

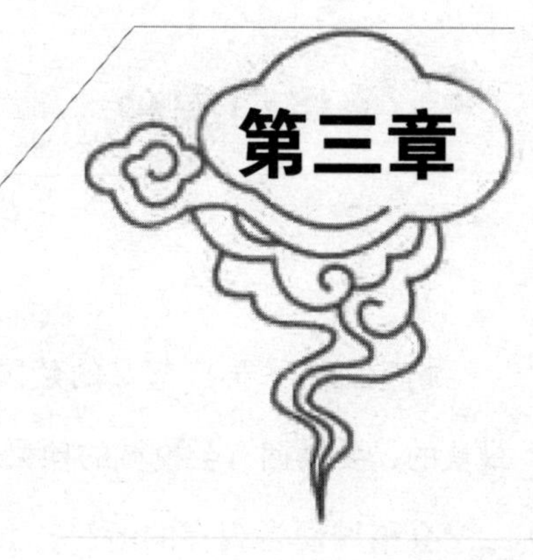

第三章

少年项羽

天生武将的条件，加上幼年的困苦环境，使项羽颇具领袖气质，年纪轻轻便颇有大志和主见，独立性亦强，因而项梁非常看重他，似乎倾尽全力想培养这位没有父母的孤儿早日出人头地。

将门虎种

响应陈胜、吴广起义的楚国部族中，最受瞩目，而且势力成长也最快的，要属拥有会稽城的项梁和项羽叔侄。

会稽城便是现在的浙江省会稽市，春秋晚年曾是越国的京城。越国在勾践王时代，击败了当代霸主吴王夫差，不但恢复了险被灭亡的国运，进而挥军北上，成为春秋时代最后一任的中原霸主。

但勾践并未在中原发展实力，他仍回到会稽，以此为中心发挥其霸主威信。也正因为如此，会稽城很快便声名远播，成为当时最繁华的城市之一，也成了中国东南方的军事重镇。

但越国在勾践死后，继承人发生内讧，不久即为南方霸主楚国所灭，会稽城也成了楚国的一部分。

由于东方的吴、越等部族在传统上与楚国有宿怨，加上民性强悍，统治不易，楚王便特别将战斗力最强的主要部落贵族镇守在这些地方，其中最有名的便是“项氏”部族。

项是地名，现在今河南省项城。

这部族以擅长野战闻名，出现过不少有名将领，在原本便勇于作战的楚国诸部族中，项氏的英勇更是出类拔萃的。自从奉命负责军事占领这块宿敌的土地后，他们便软硬兼施、恩威并济，不但能作有效

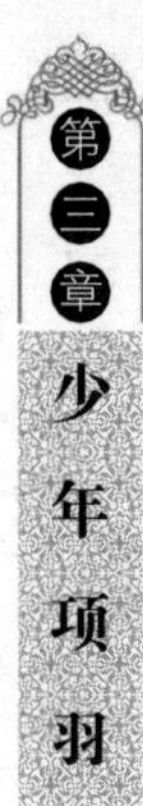

管理，而且也颇得吴越地区长老们的敬重。

战国末年，项氏更出了一位盖世名将项燕。当时楚王室力量颓弱，正规的主力部队根本无法抵抗秦军的南侵。在这存亡危急的关头，项燕临危授命，指挥组织松散的楚国各地区部落的增援联合部队，居然大败秦国的南征军团，让当年的秦王（秦始皇）大为震惊，不得不请出名将王翦。

楚军向心力弱、结构松散，且粮食不继，项燕不得已下令退军，企图集中力量守住自己大本营的东半壁江山。但不幸的是，他在撤军途中兵败殉国。

项燕不但英勇善战，对部属更如同兄弟，在军中声望极高，很得楚人敬重。他死后，楚国民间几乎均不愿接受此噩耗，因此纷纷传言死去的项燕只是个替身，真正的项燕将军则仍藏于楚境的某一山区，等待机会随时准备再度领导楚人抗秦。

“楚虽三户，亡秦必楚”的谶言，便在这种执着的信念下广为流传。即使在秦始皇统治的十年中，项燕的大名不但未消失，反随着秦国统一政策失败和楚人憎恨秦政的情绪而越滚越大。

陈胜、吴广起义时，吴广的部队便一度托名是项燕的残余军团东山再起，将领导楚人反抗秦军。

传说中，项梁便是项燕的嫡传幼子。项燕战死时，嫡长子和几位较大的儿子，都随着他殉国。留守在大本营的长老，便在秦军攻入前护送其幼子逃避于山区中。

十余年后，终于在原先大本营的会稽城附近，出现一对自称是项燕儿子和嫡长孙的浪人——项梁和项羽叔侄。

有关项梁的记载在史书上非常少。经过十余年的变局，他是否真

正为项燕的后代其实也很难求证了。我们只知道他大约 30 岁，中等身材，外貌和举止倒颇为雍容典雅，的确有贵族气质。而且也深通兵法，富于谋略，领导魅力也不错。因此，当他自称为项燕幼子时，大多数的楚人都毫不怀疑地接受了。

但更令人瞩目的却是他身旁的侄儿项羽。和一般楚人的中短身材不同，项羽的身形十分魁伟，史料记载他身高古制 8 尺余，大约为 180 公分，对南方的楚人而言，算是个彪形大汉了。

据项梁的说法，项羽是项燕的嫡长孙，或许其母系方面有北方人的血统，因此身材较高大。项燕父子殉国时，项羽不到 10 岁，所以在重臣保护下，和小叔父项梁共同避开秦军追捕，逃亡到山区中，长大后则追随项梁浪迹天涯，寻找机会以领导楚人重建江山。

根据司马迁在《史记》中的记载，项羽名籍，“羽”是他的字，这便显示他的确属于贵族，才能够有名又有字。他的出生地相传在今安徽省的下相地方，也是原本项燕部族的根据地。这些传闻，加上他独特的高大身材，使楚人完全相信他是名将项燕的嫡传后代。

天生武将的条件，加上幼年的困苦环境，使项羽颇具领袖气质，年纪轻轻便颇有大志和主见，独立性亦强，因而项梁非常看重他，似乎倾尽全力想培养这位没有父母的孤儿早日出人头地。

他首先教项羽读书识字，但项羽却认为这太麻烦了，他实在没有耐心，因而一点也不用功。

稍大以后，项梁便教他基本的剑法，这方面项羽由于力大无穷、颇有天分，因而很难找到同等的练习对手，没多久他便又不感兴趣了。

文的、武的都不行，“爱侄心切”的项梁也不免要生气了。他担心项羽长大不成材，有愧家风，便恼怒地埋怨道：“你这样没有耐心，将来到底想做什么呢?”

想不到项羽倒理直气壮地表示:“识字只不过能记诵一些姓名而已,剑术再好也只能击败一个对手,这又有什么好学的?我想学的是成为万人敌的大将。”

项梁甚奇之,乃教他学习兵法。项羽在这方面倒是才气十足,稍加指点便能抓住重点,举一反三。只是他没什么耐心,不肯动脑筋深思,因此只能掌握几个大原则罢了。

项梁在逃亡途中,有次因为被背叛的族人出卖,在栎阳地区被捕。幸而蕲县的狱掾曹咎深知项梁的身世,乃暗中通知栎阳的狱椽司马欣,设法救出项梁。项梁也因而与此二人结为深交,暗中常有来往。

不久,项梁因杀死了出卖他的仇人而被追捕,风声颇紧,司马欣恐泄露项梁身世,就协助他逃往吴中地区,接受地方楚国部族的保护。

一语惊人

吴中即现在的苏州一带,原为吴国的大本营,在秦王朝时代,配置于会稽郡的管辖下。

到了战国中期,吴中地区已成了楚国贵族项氏部落的势力范围,因此项梁叔侄的到来受到英雄式的欢迎。加上项梁学问好,慷慨好施,

立刻得到地方长老的拥护，成为了非正式组织下的领导人。

中国人自古最重视的是丧事和祭祖，通常都会请地方最有人望者来主其事，直到今天治丧委员会的主委也必是德高望重者。古代的“治丧主委”由于分派工作上的需要，实际掌有地方上最多的人力资源，因此哪个人能办事，哪个人有哪些特长，身为主委者是再清楚不过了。《史记》中记载：“项梁避居吴中，吴中贤士大夫皆出项梁下，每吴中有大徭役及丧，项梁常为主办。”

因此项梁不但声名膨胀得快，对地方人才的掌握，也拥有绝对优势。

为了日后打算，项梁更趁机积极组织吴中的楚人豪族及其子弟，暗中授以兵法，并让大家深服其才能。没多久，便建立了相当雄厚的班底及人脉。

秦始皇巡幸会稽郡，在渡过钱塘江之际，曾在江口举办大型仪式，阵容非常雄伟，项梁也特别带着项羽前往查探。

想不到项羽看到秦始皇的非凡气派后，深为感动，当场脱口而出：“彼可取而代之。”

项梁听了大惊，立刻掩其口：“不可乱讲，是会被抄家灭族的。”

项羽却做做鬼脸，一副不在乎的模样。

项梁以其豪气干云，也不禁震撼，从此更认为项羽必是非凡之才。

据说项羽身材雄伟，力大无比，单手可以扛起鼎镬，因此吴中的年轻子弟，对他疯狂的崇拜着。

由于项梁在吴中地区名气颇大，早年流浪各地，途中又见闻不少，因此对时局大势常有他独到的过人见地，连秦王朝派任在会稽的郡守殷通，都不得不对他另眼看待，引为贵宾。

秦皇朝的会稽郡，统有春秋时代的吴、越两国版图，居民大约100余万人，辖区共有二十六个大小县城，几乎占据了中国的东南半壁江山。

因此殷通在表面上权势颇大，俨然是封建时代的一个君主。

不过，秦王朝是彻底的中央集权，郡守只是中央政府派在地方的代理人，负责替朝廷征收租税和劳役，权轻而责重，万一有所延误，只要中央一道谕旨，随时都可能丢官入狱。

古代的通信不发达，一个地方首长想要完全掌握各乡镇县城的情报，其实是非常不容易的，因此必须借助地方有力之士来帮助他。也就是必须笼络地方“龙头”，才能有效推动政令，对朝廷有所交代。

项梁在殷通的眼中，正是吴中地区的“大龙头”，只要有项梁的支持，什么事都好办多了。

对于负责规划此中央集权郡县制度的李斯而言，会有这种民间非正式领袖的产生，实在是始料未及的制度弱点。

殷通对项梁越尊重，项梁在地方的声望立刻水涨船高，因而也越有影响力，殷通便不得不更依赖他了。

不久，这位民间领袖便成为会稽郡的“地下郡守”，其实际的影响力更大于正牌官派郡守的殷通。

对于这种情况的继续恶化，心里最不安的便是殷通。他可真是有苦说不出。对项梁势力的忧心与日增加，但对项梁的依赖性也一天比一天更为重要。

不久，便发生了不可避免的悲剧。

陈胜、吴广起义的风潮，由江北迅速向江南蔓延。

会稽郡也很快受其影响，一方面怕起义的叛军南下征粮，另一方

面也基于对秦王朝之怨恨，各县城长老纷纷集合，商组自卫部队，他们心中的理想领导人才便是项梁。

项梁自然也有这个意向，问题只在于时机到底对不对。深晓兵法加上谨慎作风，使他不轻易表露自己的野心，尽管地方长老一再暗示，项梁仍只作不知，以等待一个更好的机会。

给项梁起义机会的却是心中一直忐忑不安的会稽郡守殷通。

郡内情势急速恶化，让殷通胆战心惊。他深知只要有人响应叛变，第一个遭殃的便是自己，就算秦王朝中央能派来援军，恐怕也缓不济急。

因此殷通决定先下手为强，不如自己主动响应叛军，或许反而会得到地方长老支持，割地自立，成为一个诸侯也说不定。

诛杀殷通

殷通考虑到自己是王朝派来的空降部队，缺乏地缘关系，因此必须抓住几个重要干部，只要得到他们的拥护，起义绝对不成问题。

眼前最适合的人物，自然是项梁了。但项梁声望太高，一不小心，反而会被他取代，因此最好有另外一个可以牵制他的力量。

殷通想到了另一个楚部落地方领袖桓楚，桓楚勇猛而少心机，目前正好犯罪逃亡在外，如果由自己赦免他，桓楚一定会感激不尽，成为自己忠诚的部下。桓楚在楚部落中也拥有一定实力，正可用来制衡项梁。但桓楚不知行踪，当今之计，应先找项梁来好好商量。

项梁表面上仍一副谦恭忠诚的模样，以免殷通对他有任何怀疑。

想不到心急如火的殷通，单刀直入地表明自己有意造反的心态："长江北岸及江西一带已完全进入叛军占领下，此天亡秦之时也。我认为我们应先发制人，以免反为人所制，我打算在会稽郡城起义，并以你和桓楚为左右两翼大将。"

项梁大吃一惊，心想秦王朝如此严厉的法制，一旦碰到危机反而因缺乏弹性，更容易迅速崩溃。

看到身为最高地方首长的殷通对朝廷的忠诚度竟如此脆弱，项梁感慨良深。于是他以怀疑的目光逼视着殷通，表现出一副不了解其心态的样子。

看到项梁质疑的目光，殷通更紧张了，他几乎口不择言地表示："再慢可能就来不及了，我们必须尽速募兵，以免被别人抢先……"

项梁觉得好笑，但另一个灵感立刻闪现在其脑中。他在心中暗忖，要造反怎么可能支持你这个朝廷官吏呢，必须要抢先机的应该是我呀！

但表面上，项梁仍不动声色，他客气地向殷通表示："桓楚目前逃亡在外，他的藏匿处只有我的侄儿项籍知道，我现在去把他找来，由您直接命令他去找桓楚吧！"

殷通不疑有他，立刻答应。

项梁很快跑到郡守府邸外面，找到正在门口等待的项羽，只见他低声和项羽交代几句话后，两人便又很快进入府邸内。

项梁的神情和语气均显得有些激动，失去了往日的冷静，显示其心中正有情绪上的大冲击在沸腾着。反观项羽则面不改色，只不断微

笑点头，便快步跟随在叔父后面，显现颇为恭谨的模样。

殷通见他们叔侄进来，也立刻起身笑脸相迎。

不料，项梁脸色一变，大声喝道："是时候了！"

殷通还来不及反应，项羽已火速冲到其跟前，拔剑一挥，殷通人头已随着一束血箭，飞向半空中。

由于这是秘密会谈，现场并无他人。

项梁这才恢复从容状，慢慢拾起殷通首级，拿下他身上的郡守印绶，和项羽走向门外，对郡府官员告知此一事变。

守卫队见状大惊，立刻呼喊"刺客"，郡守大门口陷入一片混乱。

项羽拔剑向前，立斩十余人，众皆惊伏。

项梁这才宣布在郡守办公室召集紧急会议，郡城重要官吏一律参加。

府内官吏大多是楚人，原本便和项梁交好，见其势也都顺水推舟，表示支持项氏叔侄，并主动安抚人心。

项梁也正式公布殷通之野心及罪行，并宣布即日起会稽郡恢复独立，由楚人自治，以响应陈胜等在江北地区的叛变行动。

郡府官员立刻编集人马，由各县城募得人员八千余，并在吴中长老及子弟中选择较能干者，分别封为校尉、侯及司马等官吏，没多久，项梁便将会稽郡的军政体系完全纳入掌握中。

有位原属楚国贵族的地方领袖，在这次分派工作中未获得重用，非常不高兴地向项梁抗议。项梁笑着表示："前些日子，我曾派你主办一件丧事，但你却显得无法胜任，我看你的领导才能有问题，所以这次不能再重用你了。"

这件事充分表示，项梁在平常已作了非常详细的"人才库"建立工作，对每个人的能力有完整评估，让吴中地区的地方领袖们不得不服气于他的领导。

于是项梁自任为会稽郡守，并以项羽为裨将，积极结合郡辖内各县城的楚民力量。

这一年，项羽才 24 岁，但俨然已成为江南地区起义军的副领袖了。

刘邦发迹

刘邦首先到大庙祷告黄帝，以象征志在恢复天下秩序，并在广场祭祀战神蚩尤。之后，刘邦下令战鼓齐擂，并以牲血祭鼓，所有旗帜均采用红色战旗，人数虽不多，但阵容还算壮大。

真命天子

话说沛县丰邑中阳里，有一村民叫刘瑞，自懂事起，就开始帮家人料理农活，各种农活都非常精通。成年之后，刘瑞更是精明能干，为人纯朴善良，乡里们颇为称道，每每称之为太公，而不直呼其名。

刘瑞之妻刘氏，虽不是大家闺秀，但也长得眉目清秀，而且刘氏温柔贤惠，聪明能干，很会持家。加上刘瑞勤劳精干，一家人过得十分幸福美满。几年间，刘瑞便买下良田数顷，生活富足，而威望也越来越高。刘氏为刘瑞连生两子，长子名伯，次子名仲，使刘瑞颇为欢欣。三子刘邦诞生之时颇具神奇色彩。一天刘氏外出农作，忽然天空乌云密布，雷电交加，狂风夹着暴雨扑面而来，刘氏由于惊吓晕倒于村外，浓云之中，偶见金鳞金甲，似有神龙置身其中，尔后，云雾又覆于刘氏之身，不知过了多久，风停雨息，烟云消散。刘氏醒后，感觉做了场梦，梦中只见金甲神人忽隐忽现。后来，刘氏又有了身孕，乡人都说此乃龙体附身，将来生下小孩必是龙种。

婴儿降世后，刘太公十分高兴，认为此儿有贵相，取名为邦，没想到，刘邦后来果真成为兴国安邦的皇帝。

刘邦少年时候虽然读过一些书，但却绝非读书之人。他性格豁达粗犷，待人宽厚。平时他很少参加家庭的农业生产，生性爱玩，不愿干活。刘太公曾为此多次责备他。长大之后，刘邦更是无所顾忌，好交游，爱酒色。没钱时就赊酒来喝，常常是喝得醉醺醺的。大儿子刘肥的母亲曹氏，就是他当时的外妇。

刘邦虽然在生活上有失检点，但他却胸怀大志，秦始皇统一六国后，国内和平安定，经济上也有所发展，人民生活也比战国时期富裕多了。秦始皇为了显示其一统天下的威风，常常是威武雄壮地组织马队外出视察。有一次，刘邦趁到秦国都城咸阳服役的机会，目睹了当时帝国京城的繁荣壮观景象。一日，当刘邦又像往常那样正目不暇接地观看着“花花世界”时，突然人声鼎沸，马嘶贯耳。随之而来的便是令人恐怖的呵斥声和人们纷纷躲闪的脚步声。刘邦不知发生了什么事，抬眼一看，只见一支全副武装的士兵护卫着庞大的车队缓缓而来。“这是秦始皇巡行都城来了。”随行的人告诉刘邦。

皇帝，刘邦从来没有见过皇帝，这个词在他心中既陌生又带有几分神秘。当秦始皇的车队驶过刘邦的身边时，刘邦第一次感到了皇帝的威严。他知道了什么叫威风凛凛，什么叫气宇非凡。刘邦不由自主地赞叹：“嗟乎，大丈夫生当如此矣。”有朝一日，他也要像秦始皇那样，驾车巡行，让天下的人都看到他的威严，向他叩拜。

从咸阳回来后，他通过考试当上了秦国的泗水亭长。秦时乡村的基层政权，十里为一亭，十亭为一乡。亭长是掌管一亭之内治安和道路的地方小吏。刘邦虽然出身卑微，而且亭长也是一个没有级别的小官，但他却不以为然，常常嘲弄县里的官吏，认为这些人都是碌碌凡庸之辈，不值得交往。唯独与沛县的主吏萧何和狱掾曹参，志趣相投，交往甚密。

有一年，沛县来了一位贵客，是沛县县令的远方挚友，人称吕公。

吕公名父，字叔平。其家乃豪门大户，只因躲避仇杀，才到沛县来避难。虽说是来避难，但毕竟吕公乃豪门之家，再加上又是县令的挚友，故县里的豪杰吏曹们都来拜贺。

刘邦身份虽低，但迫于面子，也前来拜访。当时萧何正好任宴席的司仪，他向来客宣布：“凡贺礼不满一千钱，都坐在堂下。”当时，刘邦分文未带，听到这个规定后，竟毫不在意，对传达说：“我贺钱一万。”传达唱道：“泗水亭长刘邦贺钱一万！”

吕公听到了，忙亲自下堂迎接。吕公看到刘邦之后，觉得他相貌非凡，眉宇间透着一股龙气，心下对他十分敬重，与刘邦入席就座，畅饮长谈。谈话间，吕公更是对刘邦喜爱备至。酒后，吕公示意刘邦留下，问其家世，提出愿把自己的女儿许配给刘邦。这对刘邦来说乃求之不得，便爽快地答应下来。吕公此女名叫吕雉，就是后来历史上著名的吕后。刘邦得此贤妻，生活美满。后来吕后又为刘邦生了一儿一女，女儿就是后来的鲁元公主，儿子就是后来的汉惠帝。

斩蛇起义

刘邦成家之后，为了照顾家庭，他不得不时常回家干农活，帮着吕雉维持生计。

有一次，吕雉带着女儿在田中干农活，有一位过路的老人向吕雉讨水喝。喝完水后，他仔细地看了看吕雉与她的女儿，对吕雉说："你和你的一双儿女都是贵相，将来必是大福大贵之人。"

吕雉以为是笑谈，也没有细问。老人走后，吕雉回家把田中之事告诉了刘邦。刘邦听后十分兴奋，赶忙追上老人，请教老人何出此言。老人看过刘邦之后，对他说："我这才明白，那位夫人与她的女儿之所以有贵相都是因你而起，我看你的相貌更是贵不可言。"刘邦对老人道谢："将来如果应验，我一定不会忘记您的大恩大德。"

秦王朝末年，秦始皇为了修建自己的坟墓，需要大量的劳动力去骊山干活，当时刘邦受命以亭长的身份押送一批犯了刑法的囚犯到骊山。刘邦对这一差事十分反感，他担心此去骊山，路途遥远，况且押送的这批人都是囚犯，路上也不知他们会干出什么事来。

果然不出刘邦所料，这帮囚徒刚出沛县便出事了。在这些被押送的囚徒中，没有几个是杀人偷盗的重犯，大多都是交不起苛捐杂税的贫苦百姓。要送他们去骊山修墓，背井离乡，舍妻抛子，当然是这些人不愿干的，人心思归。因此，一路上，逃跑的人越来越多，刘邦防不胜防，简直无法控制了。当时秦朝有规定，如果不能按人数按期到达骊山，刘邦与囚徒们的命运都一样——斩首。因此，刘邦越想越怕，越想越不敢去。

一天，走到丰邑西边的大泽里。大家停下来休息，刘邦也的确不想走了，便到一个小酒店内喝酒，酒足饭饱之后，刘邦对囚犯们说："我内心不想让你们去咸阳当苦役，我今天豁出去了，把你们全放了，你们逃命去吧，我也逃命去。"刘邦的这番话让囚徒们很惊讶，他们纷纷感谢刘邦，而后四处逃命。

囚徒中有十多个年轻小伙子愿意跟随刘邦一起干。他带着醉意，

趁夜抄小道穿过沼泽地，他让一个人往前面探路。那个人回来报告说：“前面有一条大蛇挡住了去路，我们往回走吧。”刘邦醉醺醺地说：“好汉子走路，有什么可怕的！”说着走上前去，拔剑把大蛇斩作了两段，路让开了。他又往前走了几里，酒性发作，躺在地上睡着了。

后面的人来到刘邦斩蛇的地方，见一个老婆婆在那里哭泣。人们问她哭什么，老婆婆说：“有人杀了我的儿子，所以我在这里哭。”人们问她：“你儿子为什么被人家杀了？”老婆婆说：“我的儿子是白帝子，他化为大蛇，挡在道上，结果被赤帝子杀了，所以我哭。”人们都以为这个老妇人说谎，刚想打她，而老婆婆忽然不见了。这几个人来到刘邦睡觉的地方，刘邦已经酒醒。这几个人便把刚才碰到的事情告诉了刘邦，刘邦听了暗暗高兴，觉得自己大概真不是凡人。而跟随他的那些人也由此一天比一天地更加怕他了。

秦始皇常说“东南方有一股天子气”，于是便想到那里巡游压制。刘邦怀疑与自己有关，便逃了出去，隐藏在芒砀山的岩洞里，吕雉带着人去找他，一下子就找到了。刘邦问她怎么能找到这里，吕雉说：“你躲藏的地方上空有一股云气，我们奔着那股云气就能找到你。”刘邦心里高兴。沛县的年轻人听说这些话，想去投奔他的人就更多了。

初成气候

陈胜吴广起义之后，楚国各地豪杰纷纷响应，拥有数千名军队的兵团，不可胜数。其中以项梁、项羽叔侄起兵会稽，以及沛县父老拥刘邦自立最为有名。

在陈胜全力造势下，关东各地风声鹤唳，各地地方官员大为紧张，沛县自然也不例外。

县令立刻召集萧何与曹参等重要干部商议。为了免于成为被革命的对象，县令有意干脆背叛朝廷，率军响应陈胜。但萧何却反对："您本为秦朝官吏，是外地人，如今欲背弃朝廷，恐怕沛县的子弟兵不会跟从您的。"

县令："那怎么办呢?"

曹参："不如由萧何来发号施令吧！相信沛县子弟一定会听他的。"

萧何："我也是食朝廷俸禄，不宜出面，不如召回在外亡命的沛县子弟，由他们领导抗秦，必可保住本县城的安全。"

县令："有谁可以担此重任呢?"

萧何："泗水亭长刘季，曾因押解劳役失职而逃亡在外，今已聚集有数百人之众，何不召他回来，以他的名义抗秦，大家才会跟着奋起。"

情况紧急，孤掌难鸣，县令不得已，只好答应了。

萧何立刻派樊哙往深山中去找刘邦。

这时候，刘邦正以他惊人的魄力，领导着数百名为逃避秦王朝劳役痛苦而逃亡山中的沛县子弟。他们在听闻陈胜起义时，本也有意响应，但人少势弱，又缺乏门路，只好暂时观望。

听到县令召请，刘邦大喜望外，立刻整理行装，率领徒众，浩浩荡荡地奔向县城。

但刘邦实在不相信县令会放弃县城，由他来领导叛变，乃派樊哙先回，联系沛县父老以为内应，必要时强夺之。

果然县令看到萧何、曹参态度暧昧，行动又过分积极，恐对自己不利，下令闭门坚守，并欲捕杀曹参及萧何二人。

但这个消息立刻被夏侯婴探知，夏侯婴曾为县令马车夫，故在这方面人际关系颇熟。危急中，他发动县府所有马车，将萧何、曹参等人在城门尚未封闭前送出城外，投奔返回途中的刘邦部众。

萧何见到刘邦，立刻告诉他县令反悔之事，并且城门已封闭，可能需要从长计议。

但刘邦只微笑点头，并示意继续前进。

原来刘邦早令樊哙先回城，由留居城中的“刘季党”煽动沛城父老策动兵变，既然县城主要干部萧何等均已站到刘邦阵营，这场争斗自己已掌握绝对优势了。

萧何见刘邦经过这几年痛苦磨炼，颇有大将之器，心中大为高兴，更加坚定自己选择刘邦的信心。

到城门下时，见城门早已紧闭，戒备森严。

萧何便建议刘邦亲自书写帛书数十封，系在箭梢上射入城内，以

达到政治喊话的目的。射出的帛书虽大多由守城兵士截获，交由县令处理，但仍有数封辗转至沛城父老之手，帛书上写道：天下之人受苦于秦国的苛政已久，现在父老虽与县令共负有守城之责，但各路诸侯皆已起兵抗秦，兵旅所至，恐沛县亦将遭屠城之难。父老们不如响应义军，擒杀县令，可选沛城子弟为领袖者共同尊奉之，和各路诸侯站在同一阵线，才是保家卫城之道啊！不然，父老与子弟们可能会玉石俱焚，是很不值得的。

这封帛书最主要用意在于制造县令和沛城父老们的矛盾。果然县令为之大惊，立刻在城内实施严格军管。父老们看到县令极端的强硬作风，生怕反为其所害，便一不做二不休，当晚发动民变，原县府守卫的子弟兵也纷纷响应，县令孤身逃离府邸，终为乱民所杀。

父老们在樊哙领导下，开城门迎接刘邦党众入城，沛县居民夹道欢迎，拥其入县衙，并恳切请求刘邦出任县令。刘邦谦让地表示："今天下方乱，四方诸侯并起，竞争上相当激烈，选择领导将领若不适任，可能会一败涂地。我倒不是爱惜自己生命，只怕自己才能不足以膺重任，不能符合父老弟兄们的期待。这对大家都是件大事，应更慎重来选择领导人物啊！"

在沛县居民心中，萧何和曹参的地位虽高于刘邦，但他们都是文吏，对指挥作战毫无把握。何况万一失败，依秦法是要被满门抄斩的，因此大家仍全力拥护刘邦，希望由他出面领导。诸父老更直接表示："小时候起，您就一直有很多令人惊讶的珍怪异相，注定将成为贵人。我们依前日卜筮的结果，卜中指示刘季为领袖最是大吉，我们看您还是不要客气了，沛县的安危，从今天起全在您手中了。"

刘邦在数度谦让后，眼见众人诚意，便承担起领导人的任务。

但刘邦最高的官位只是个小亭长，如今跃升为全县领导人，到底如何来称呼他好呢？萧何在深思后，便向大家表示：“就改称刘季为‘沛公’吧！既可以表示是沛地的领袖，又有贵族的气派，而且也颇具亲切感。”对外表尊贵、个性随和的刘季，的确相当的合适。

接着刘邦便整编人马，以原先的“刘季党众”为基础，重新编入沛城的子弟兵，总共有二三千人，换上全新的戎装，排列在县衙大门广场上。

刘邦首先到大庙祷告黄帝，以象征志在恢复天下秩序，并在广场祭祀战神蚩尤。之后，刘邦下令战鼓齐擂，并以牲血祭鼓，所有旗帜均采用红色战旗，人数虽不多，但阵容还算壮大。

令刘邦最头痛的是，这支队伍的作战经验几乎等于零，而且主要干部程度也不高，虽然相当“中看”，但是否“中用”就很难讲了。

刘邦以萧何及曹参为主要参谋，卢绾为侍从官，夏侯婴、任敖、周勃、灌婴为部将，最为剽悍的樊哙则为先锋。

刘邦下令攻击周围的县城胡陵及方与，并将大本营基地暂时设在刘邦的故乡丰邑。

经过一番转折，刘邦以“时势造英雄”的姿态，成了秦末起义群雄中相当特殊的一支农民杂牌军领袖。

峥嵘初露

项羽躲开秦兵的箭矢，带着士兵们冲到了城门下。他命令士兵们抬着一根巨大的木桩，一起用力往城门撞去。一下，两下……城门终于被撞开了。项羽率先进入了襄城，他手提宝剑，在敌阵中横冲直撞，所到之处，秦兵纷纷倒下。

东阳合兵

陈胜、吴广起义以后建立了大楚农民政权带兵反抗秦朝的暴力统治。广陵人召平为陈胜攻打广陵（今江苏扬州）却久攻不下。

召平十分着急，他坐在营帐里思考破敌之法。这时一个士兵急匆匆地走进来对他说："报告长官，刚刚收到消息，陈王出师不利，已经撤退了。请长官决定我们应该怎么办。"召平沉思了一下，他想现在陈王兵败，有谁能够帮助我们呢？忽然，他想到了项梁和项羽叔侄俩。他微笑着对士兵说："我已经有办法了，你先出去吧。"

过了一会儿，一个军官走进来对他说："报告长官，秦兵就快到了，我们若不马上行动可能很危险。"

召平大惊道："秦兵怎么这么快就到了呢？立刻召集士兵，你带领他们去找陈王。我自有办法对付秦兵。"

军官又急匆匆地带领士兵们离开了。召平收拾了一下东西，就来到长江边上，他对着滔滔江水说："项梁啊，项梁，只有你能够救陈王了！"这时，一条小船向着召平划了过来，船夫对他说："你要过江吗？我送你过去吧！"

召平上了船，对船夫说："快点送我到南岸去，我要去找项梁将军。陈王有难，现在只有项梁将军才能救他了。"

船夫受秦朝的压迫已久，他见眼前的这个人是农民起义军领袖陈胜的部下，又是去找项梁的，就加快了速度，不一会就把他送到了长江南岸。

召平上了岸直奔会稽，找到项梁，对他说："陈王听说将军在江东响应农民起义军，起兵反秦，已经加封将军为楚王上柱国。"项梁见他说得真诚，就没有怀疑。召平接着说："陈王要我告诉你，江东地区已经被将军和项羽平定了。将军和项羽应该赶快领兵渡过长江，到长江以西的广大地区反抗秦朝的黑暗统治。"

项梁想了一下，觉得召平说得很有道理，就找来项羽，对他说："吴中地区已经被我们平定了，我们要想推翻秦朝的统治，就要渡过长江，到江西的广大地区和秦兵作战。现在，陈胜有难，我们和秦兵作战不但能够推翻秦朝，还能救助陈胜。你觉得怎么样呢?"

项羽想到了第一次见到秦始皇时的情景，他早就想推翻秦朝取而代之了。现在听到叔叔这样说，他更加有信心了。他对项梁说："叔叔，我马上召集八千江东子弟，渡过长江去和秦兵作战。"于是，项梁和项羽连夜集结部队，渡过了长江。

渡过长江以后，项梁和项羽就听说陈婴已经攻下了东阳县(今安徽省天长县西北)。他们就想联合陈婴的部队，一起去和秦兵作战。

陈婴是东阳县的一个文官。他做事情非常严谨，做人很讲信用，所以县里的老百姓也都很尊重他。陈胜、吴广在大泽乡起义以后，东阳县的年轻人们效仿他们也起义了。他们杀了东阳县县令，组织了一支几千人的军队。这些年轻人聚在一起商量选一个可以做领导的人却没有合适的人选。

这时，有人提议说："陈婴是我们县里最有能力和德行的人，不

如我们选他来做我们的将军吧!”听到他的提议，这些年轻人都觉得很有道理，就纷纷同意了。他们找到陈婴说：“陈大人是东阳县最有名望的人，我们起兵反秦需要一个人来领导我们，我们想选陈大人作为我们的将军。”

陈婴是个谨慎的人。他听到这帮年轻人要选自己做将军，就说：“我是一个不能成就大事的人，你们选我做将军要误了你们的大事的。”

年轻人见陈婴不肯答应，就接着说：“我们商量了很久也没有找到比你更合适的人了，你就答应我们吧。”陈婴依然不肯答应。年轻人们没有办法，就一起跪在地上说：“陈大人若不肯答应，我们就一直跪在地上。”陈婴见状，只好答应了他们的请求。

年轻人们见陈婴已经答应了，就跑到外面说：“陈大人已经答应做我们的将军了。有愿意跟随陈婴将军起兵反秦的人，都到我们的部队来报名吧！”东阳县的老百姓见陈婴起兵反秦，都纷纷表示愿意相随。短短的几天之内，陈婴的部队就迅速壮大到了两万多人。

一个比较有见识的年轻人见部队已经壮大到两万多人了，就向大家建议：“现在，我们的力量已经很强大了。我们为什么不学陈胜、吴广，立我们的将军为王呢?”大家都觉得他说得很有道理。他们就对陈婴说：“我们现在已经有两万多兵力了，大家商量了一下，想拥立你为王。你觉得怎么样呢?”

陈婴马上说：“这件事情还需要再斟酌斟酌不能贸然行事，这样只会害了追随我们的士兵。”回到家里，陈婴把士兵们要立他为王的事情和母亲说了。母亲默默地思考了一会儿，对陈婴说：“自从我嫁入你们陈家，就没有听说你们陈家祖上出过富贵的人，现在突然富贵了，我认为这是不祥之兆。我看与其做这个王，还不如你带领军队投靠一个有威望的人。成功了，你可以得到高官厚爵；失败了，你也可以轻易逃走，不会成为人们指责的对象。”

陈婴素来谨慎。他听到母亲这样说，就回答道：“母亲说得很有道理。我也不同意他们拥立我为王。不过，现在天下风起云涌，各地都有英雄起事。我应该带领军队投靠谁呢？”母亲想了想，说：“我听说项梁和项羽在江东起兵了。他们现在已经渡过长江来到了东阳。项梁和项羽是项燕的后人，他们项家世世代代都是楚国的大将军，很受楚国故地的人们的拥戴。投靠他们是一个很好的选择。”

陈婴马上叫来一个士兵，要他去找项梁和项羽的部队。晚上，士兵回来了，他把项梁和项羽的具体位置告诉了陈婴。陈婴带着几个士兵找到了项梁。他对项梁说：“久闻项将军是楚国名将之后，现在我们东阳子弟很愿意跟随你一起反抗秦朝的残暴统治。”

听到陈婴要投靠自己，项梁和项羽都十分高兴，因为他们本来就打算和陈婴合兵一处，共同抗敌的。现在陈婴主动请求投靠自己，岂有不高兴的？

第二天，陈婴召集了自己的部队。他陪着项梁和项羽站在队伍的前面，对士兵们说：“项梁和项羽将军是楚国大将项燕的后人，他们世世代代都是楚国的大将军。楚国的人民十分拥戴他们。现在我们举兵反秦，没有他们作为我们的大将军就不会成功。如果投靠了他们，得到楚国故地人民的拥戴，我们推翻秦朝的统治就指日可待了。现在项梁和项羽将军就在我的身旁，如果大家同意，我们现在就归顺他们吧！”

士兵们认为陈婴说得很有道理，就异口同声地回答道：“我们愿意跟随项将军起兵反秦！”于是，项梁就把八千江东士兵和两万东阳士

兵合为一处，自任大将军，任命项羽为副将军。

自从接收了陈婴的军队，项梁和项羽的力量就壮大起来了。他们带领着部队一路往西，渡过了淮河。黥布和蒲将军听说项梁和项羽已经渡过淮河，就派士兵去寻找他们的踪迹。找到项梁和项羽以后，黥布和蒲将军也把自己的兵权交给了项梁。得到黥布和蒲将军的军队后，项梁和项羽的力量就更强大了，他们的队伍一共有六七万人之多！项梁就把这六七万军队屯在了下邳（今江苏省邳州市）。

喋血襄城

陈胜、吴广连战不利。他们的军队被秦兵冲散，很多起义军首领都联系不到他们。这个时候，秦嘉已经拥立景驹为楚王。秦嘉和景驹带领军队驻扎在彭城（今江苏省徐州市）的东面。彭城离下邳很近，项梁和项羽很快就得到了消息。

项梁召集了部队的将领们，说："陈王是第一个起来率领穷苦大众起兵反秦的人。我听说因为连战不利，他的部队被秦兵给冲散了，现在已经不知所终。现在秦嘉背着陈王，拥立景驹为楚王，这是大逆不道的行为。我们和陈王同为起义军，是不是应该替他主持公道呢？"将领们见到项梁说得很真诚，就附和着说："将军说得十分有道理，我们愿意跟随将军为陈王主持公道。请将军发兵攻打秦嘉，我们愿为先锋。”

项梁接着说：“既然大家都同意替陈王主持公道，那我们就发兵攻打秦嘉。”于是，项梁命令项羽带着部队去进攻秦嘉。项羽身先士卒，挥舞着手中的宝剑，冲进了秦嘉的队伍。他所到之处，瞬息之间就成了尸山血海，秦嘉的士兵一个一个地倒下了。项家军们见到项羽如此英勇，一个个也都争先恐后地冲击着秦嘉的部队。秦嘉的士兵们害怕了。他们纷纷丢下手中的武器，准备逃跑。秦嘉看见大事不妙，就带着士兵们往胡陵（今山东省金乡县东南）逃去。

项家军见秦嘉逃走了，就欢呼起来，他们把项羽簇拥在中间，高呼：“项将军是我们的大英雄！项将军是我们的大英雄！”

项梁见到秦嘉如此不堪一击，就对项羽说：“秦嘉是一个懦夫，这么多士兵做他的属下真是可惜了。我们应该乘胜追击，彻底消灭秦嘉，把他的军队合并过来。”项羽说：“叔叔说得很有道理，合并了秦嘉的队伍以后，我们的力量就会更加强大了!”项羽转过身，对着士兵们大声说道：“秦嘉已经败走。我们现在应该乘胜追击，彻底消灭秦嘉。”士兵们欢呼着说：“我们愿意追随项将军，请将军吩咐!”于是，项羽又带着士兵们追击秦嘉去了。

赶到胡陵时，秦嘉发现已经无路可走，就回军和项羽厮杀起来。项羽骑着马，带着士兵们冲进了秦嘉的队伍。秦嘉的队伍很快就被项羽冲散了，秦嘉和士兵们苦苦抵抗着。但是，项羽和他的项家军实在是太英勇了，秦嘉的队伍渐渐抵挡不住了。项羽和他的项家军却越打越有精神，他们一个个犹如下山的猛虎一般，咆哮着砍倒一个又一个敌人。混战中，景驹受了重伤，骑着马逃跑了。

到傍晚的时候，战斗还在激烈地进行着。项羽忽然看到秦嘉骑在

马上准备逃走，他催动胯下的战马，抢上前去，一剑刺中秦嘉的心窝。秦嘉摇摇晃晃地从马上掉了下来，一命呜呼。项羽在阵中一边奔走，一边喊着：“秦嘉已死，投降者免死！”秦嘉的士兵们见到将领已死，也都无心恋战，很快就放下兵器投降了。

项梁和项羽收编了秦嘉的部队，继续西进。这时，景驹逃亡到了梁地（今河南省开封、商丘一带）重伤身亡。

项梁和项羽起兵反秦的消息很快就传到了咸阳，秦二世慌慌张张地派章邯领兵前去镇压。就在项梁和项羽领兵从胡陵西进之时，章邯的部队已经到了栗县（今江苏省沛县附近）。得知这个消息后，项梁有些紧张了，他马上召集将领商量对策。

项梁麾下别将朱鸡石说：“大将军，现在我军已有十余万人。料他一个章邯也奈何不了我们。我愿带兵迎战。”

项梁看了看朱鸡石，对他说：“朱将军，虽然我们的兵力强大，但是部队的整体战斗力并不强。况且，秦国的军队何止十余万人马？章邯又是秦国有名的常胜将军，我们不可对他掉以轻心！”

别将余樊君站出来对项梁说：“末将认为，我们现在应该兵分两路，一路由副将军带领，攻打襄城（今河南省襄城县）；一路由朱别将和我带领，去迎战章邯。副将军英勇善战，一定能够攻下襄城。襄城危急，襄城守将一定会派人往章邯处求救。我和朱别将拖住章邯，要他们不能相顾。我们就可以乘机消灭他们了。”

项梁认为余樊君说得很有道理，就同意了他的建议。项羽带着一部分军队往襄城进发了。项羽来到襄城城下，派人去城中挑战。但是，襄城守将拒不迎战。项羽大怒，派兵把襄城围得水泄不通，并吩咐士兵们在襄城脚下驻扎下来，没有他的命令，谁也不准离开。襄城守将一边派兵在城墙上日夜监视着项羽的动向，一边催促工匠们日夜赶造弓箭。

项羽进兵襄城以后，朱鸡石和余樊君也带领着军队往栗县进发。秦国大将章邯早已知道朱鸡石和余樊君带兵来攻城了。他一边吩咐士兵们加固城墙，一边暗暗在城下的树林里埋伏下了精兵。朱鸡石和余樊君带兵来到城下，向着城墙上的士兵高喊道："章邯在哪里？快叫他出来受死！"

士兵向章邯报告说："将军，朱鸡石和余樊君二人在城墙下高声叫骂。我们是否开城迎战？"

章邯微笑着说："不着急，要他们骂去吧！吩咐将士们严守城门，让一只蚊子也飞不进来。"

朱鸡石和余樊君在城下骂了很久，不见章邯领兵出战，就以为章邯害怕了。他们在城下大笑起来。这时，章邯正在城墙上看着他们，见到朱鸡石和余樊君大笑，章邯也微微笑了起来。秦兵们见章邯挨了骂还笑都很不解，就问他："将军挨了骂，为什么还笑呢？"章邯看了看城下的朱鸡石和余樊君说："我笑是因为城下的人很快就骂不出来了！"

朱鸡石和余樊君渐渐放松了戒备，士兵们见将军放松了警惕，也都一个个和同伴们开起了玩笑。章邯一边在城墙上仔细地观察着城下的一切，一边暗暗集结军队。他见朱鸡石和余樊君已经放松了警惕，就下令打开城门，出城迎战。

秦兵们在章邯的带领下，像潮水一般从城里涌出。朱鸡石和余樊君的队伍立刻被冲散了，一场混战开始了！混战当中，余樊君被秦兵砍死。朱鸡石见大势不妙，就带着士兵们没命似的往胡陵逃去。章邯

见朱鸡石已逃，便引兵追击。

项梁知道朱鸡石和余樊君兵败后，大怒道：“这两个人可坏了我的大事!”项梁带领军队来到薛（今山东省滕州市附近）。朱鸡石知道项梁已经到了薛，就来见他。项梁见到朱鸡石，没有说一句话，大声吼道：“来人！把朱鸡石拉出去斩首!”

此时，项羽还带着军队在襄城城下苦苦坚持着。襄城守将一直命令士兵不准开城迎战。项羽每天在城下望着城墙上的秦兵。他见城墙上的秦兵一个个精神抖擞，就产生了一种先杀之而后快的感觉！忽然，项羽大踏步地走回营帐，命令道：“集结所有士兵，马上攻城!”士兵们在城下坚持已久，他们都希望快些攻下襄城。于是，士兵们异常英勇，他们在项羽的带领下，一次又一次地发起进攻。

城墙上万箭齐发，箭像雨点一样向项羽的队伍飞来，很多士兵倒下了。见到秦兵雨点般密集的箭矢，项羽大怒道：“攻下襄城，我要杀光你们所有的人!”项羽躲开秦兵的箭矢，带着士兵们冲到了城门下。项羽命令士兵抬着一根巨大的木桩，一起用力地往城门撞去。一下，两下……城门终于被撞开了。项羽率先进入了襄城，他手提宝剑，在敌阵中横冲直撞，所到之处，秦兵纷纷倒下。

经过一天的激战，项羽终于带领士兵占领了襄城。项羽让士兵把全城的老百姓和已经投降的秦兵聚集到了一起。他对这些人说：“我带领士兵攻打襄城，久攻不下，都是你们这些人的过错！今天我就把你们全部杀了。以后我再攻城的时候，看还有谁敢抵抗?”老百姓和已经投降的秦兵纷纷跪到地上说：“请将军饶命，我们下次不敢了!”项羽大怒道：“下次，还会有下次?”说完，项羽就命士兵把所有人都驱赶到了万人坑中，全部活埋了。

攻下襄城之后，项羽就带领士兵赶到了薛，向项梁汇报战况。这个时候，项梁听说陈胜已经死了，十分伤心。项梁对项羽说："陈胜是第一个起兵反秦的人，现在他也第一个死了。以后反秦的大业就落在了我们的头上。现在我要召集所有的反秦将领，一起商量接下来应该怎么办。"

项羽认为项梁说得很有道理，就同意了他的说法。于是，项梁派士兵前 往各地召集反秦的将领到薛商议大事。在各地反秦的将领之中刘邦也参加了此次会议。刘邦在小沛起兵反秦以后，连战告捷，势力逐渐壮大起来。

拥立楚怀王

很快，各地反秦的将领们就在薛会齐了。将士们商议了很久也没有想到好的办法，大家都无可奈何。

这时，哨兵来报，说："报告大将军，一个老者来访，说是有计相献。"项梁听说有人来献计，就急忙叫人把他带了进来。来的人就是居巢人范增。范增是一个足智多谋的人，这一年他已经七十岁了。他对项梁和各位将领说："各位将军，你们知道陈胜为什么会失败吗？"

项梁和各位将领看着范增，茫然地摇了摇头。

范增接着说："秦国灭六国之时，楚国是没有任何罪过的。当年，

楚怀王被秦昭襄王俘虏到了秦国，客死异乡。一直到现在，楚国故地的老百姓都还十分怀念他。”

一个反秦将领不解地问范增道：“这和陈胜失败有什么关系呢？”

范增看了他一眼，继续说：“就因为楚国没有任何罪过，秦国就灭了它，而且俘虏了楚王，所以楚南公说：‘楚虽三户，亡秦必楚！’陈胜起兵反秦以后，虽然借助公子扶苏和项燕将军的名号，但是并没有立楚国的后代为王，而是自立为楚王。从这一点来看，他就不能得到老百姓的支持，所以说他是坚持不了多久的。”

“原来是这样啊！”一个反秦将领恍然大悟道。

项梁看着范增说：“那么，老先生以为我们现在应该怎么办呢？”

范增见项梁问得真诚，就回答道：“将军在吴中起兵反秦，楚国故地的反秦将领之所以争先归顺将军，是因为将军是楚国大将项燕将军的后人。楚国故地的百姓以为将军可以拥立楚怀王的后人为君主。现在将军应该做的事情就是找到楚怀王的后人，拥立他为王，然后再带领军队西进反秦。这样才能得到老百姓的拥护啊！”

项梁想了想，就对范增说：“老先生说得很有道理！请问先生高姓大名。”

范增回答道：“老朽范增，一介平民而已。”

项梁认为范增是一个贤能之人，就把他留了下来。

晚上，项梁和项羽商量道：“范增说得很有道理。可是，我们现在怎样才能找到楚怀王的后人呢？”项羽说：“老百姓都传言楚怀王的孙子心，现在已经沦落为一个放羊娃，正在山里为有钱人放羊呢！如果我们可以找到他，拥立他为楚怀王，那我们的反秦大业就指日可待了。”项梁同意了项羽的说法，并派项羽带人去找楚怀王的孙子心。

第二天，项羽带着几个随从进入了大山。项羽找到了山里的一个农民，他问道：“人们说楚怀王的孙子心在山里放羊，请问你知道他在什么地方吗?”农民看了看项羽，摇了摇头回答说：“我不知道他在什么地方啊！你到其他地方去问问吧。”

项羽带着随从们继续往山里走去。他们遇到了一个樵夫，项羽就上前问道：“人们说楚怀王的孙子心在山里放羊，请问你知道他在什么地方吗?”樵夫看了看项羽，就说：“我没有听说这件事情，你去问问其他人吧！”项羽无奈，只好带着随从继续往山里走去。走着走着，他们遇到了一个老妇人。项羽就走上前去，问道：“人们说楚怀王的孙子心在山里放羊，请问你知道他在什么地方吗?”老妇人看了看项羽，反问道：“你是什么人?”项羽回答说：“我是楚国大将军项燕的孙子项羽。”老妇人高兴地握着项羽的手说：“原来是项燕大将军的孙子。我知道楚怀王的孙子在哪里，你们跟我来吧。”

项羽带着随从们跟着老妇人沿着一条崎岖的山路往山的另外一面走去。项羽问老妇人：“我在前面遇到一个农民和一个樵夫，为什么他们都说不知道楚王的孙子在哪里呢?”老妇人笑着回答说：“他们不知道你是项燕大将军的孙子，肯定以为你是秦兵派来杀怀王孙子的坏人。”

走过了一条山梁，项羽就看到眼前有一片羊群，羊群的边上有一个衣衫褴褛的年轻人。这个年轻人就是楚怀王的孙子心。项羽走上前去，向心表明了自己的身份和来意，心就跟随着项羽来到了项梁的军营之中。于是，项梁和反秦的将领们就拥立心为新的楚怀王，以盱台(今江苏省盱眙县）为都；封陈婴为上柱国，封赏五个县的食邑；项梁自封为武信君。他的这个做法得到了老百姓的大力拥护。

城阳攻坚

过了几个月，项梁带领部队攻下了亢父（今山东省济宁市任城区）。这时，秦兵将一支反秦队伍围在了东阿（今山东省东阿县）。项梁就和齐国王族后裔田荣以及司马龙且带兵往东阿解围。很快，秦兵抵挡不住项梁和田荣的大军，溃败而逃。东阿之围解了以后，田荣就领兵回到了齐国，他驱逐了齐王田假。田假逃到了楚地，投奔项梁去了，田假的丞相田角和他的弟弟田间一起逃到了赵国。

项梁占领东阿之后，就派兵往西追赶秦兵，自己带兵在东阿驻扎了下来。这期间，项梁几次派使者到齐国和田荣商议，一起起兵往西反秦。田荣说："只要项梁杀了田假，赵国杀了田角和田间，我就发兵反秦，帮助项羽推翻秦朝的统治。"项梁说："田假是你们齐国的国王，他走投无路来投奔我。我怎么忍心杀了他呢?"赵国见项梁不肯杀田假，也就不肯杀田角和田间。于是，田荣也不肯发兵帮助项梁一起反秦。

项梁见田荣不肯发兵帮助自己反秦，大怒道："就算没有齐国的帮助，我也一样可以推翻秦朝的统治。"于是，他吩咐项羽和刘邦一起去攻打城阳（今山东省鄄城县东南）。项羽和刘邦带领军队来到城阳城下，驻扎好军队以后，就派人到城中挑战。

城阳守知道项羽英勇善战，不敢开城迎战。项羽大怒道：“即使不开城迎战，我也一样可以攻下城阳，到时候我要杀光全城所有的人。”

第二天一早，项羽就集结部队，在城阳城下列阵。他下令开始攻城。项羽的命令一下，项家军们就像下山的猛虎一般，向城门扑去。弓箭手也拉开了手中的弓，向城墙上的守军射去，一瞬间，城阳笼罩在了一片腥风血雨之中。

项羽身先士卒，第一个冲到了城门下。刘邦也拿着武器紧随项羽之后。项羽和士兵们一起抬着一根粗大的木桩，一次又一次地向城门撞去。他们一个个就像发怒的狮子，一边大吼着，一边拼命地撞击着。很快，城门被项羽和士兵撞破了：项家军们如潮水一般涌进了城阳。秦兵大乱，就像没头的苍蝇一样，到处乱撞。项羽和刘邦紧挨在一起，挥舞着手中的武器，在秦兵的队伍中所向披靡。

项羽和刘邦攻破城阳之后，就带兵往濮阳（今河南省濮阳市）进发。濮阳守军打开城门，出城迎战。两军在濮阳的东面摆开了阵势。项羽一马当先，冲上前去，一剑刺穿了秦兵军官的心窝。秦兵见军官已死，都纷纷往濮阳城里逃去。项羽和刘邦见状，便挥军掩杀过去。秦兵们只顾逃命，哪里还有人反抗。不一会儿，秦兵就损失大半，其余的都逃到城里不敢出来了。

项羽和刘邦追到城下，发现濮阳城被一条又宽又深的护城河包围着。只能领兵西进，去攻雍丘县（今河南省开封市杞县）。

雍丘守军将领李由见项羽和刘邦领兵前来，心惊胆寒。但他还是硬着头皮，骑马向项羽冲去。项羽见状，大声问道：“你就是李由？”

李由回答说：“就是……”一句话还没有说完，李由的项上人头

已滚落在地。

一场厮杀之后，战场上已横满了秦兵的尸体，项羽和刘邦大获全胜。

项羽和刘邦又带着部队往外黄（今河南省民权县西北）城下驻扎下来。

项梁战死

项羽和刘邦攻打外黄之际，项梁带着军队从东阿西进，来到定陶。定陶在项羽和刘邦的几次进攻之后，兵力已大为削弱。在项梁部队的猛烈进攻之下，定陶很快就被攻下了。项梁对部下说："秦国的军队简直不堪一击，秦国的将领也没有什么大不了的。"

士兵们因为连战告捷，也都有些骄傲。他们在训练的时候也没有以前那么用功了。

但楚军中有一个人对这种情势独持不同看法，并且颇为担心，那便是随着楚怀王投入项梁阵营的原楚国长老宋义。

宋义出身楚国名门，家族中曾有不少成员出任过楚国令尹。宋义本人的才气也不低，尤其是对楚国的军政组织极为了解，因此受聘为楚怀王的首席军师。

这时候，宋义年纪已经很大，满头白发更显得深富于智慧。

项梁对宋义的身世和才能颇为嫉妒，如果不是因为宋义年事已高，项梁或许还要对他特别排斥。

因此两人表面和睦，其实一直明争暗斗着。

善于协调的范增，极力说服项梁让宋义出任位尊却无权的令尹，希望以宋义的声望拉住散布各地的楚国贵族的心。

宋义还算顾全大局，对项梁虽有不满，但仍全心全力扶持着重建的楚怀王政权。

楚军北渡淮河时，宋义也以怀王特使的身份，在军中负责协调新加入的各部落楚军。

由于行营经验丰富，宋义对章邯的战术深感兴趣，曾花不少时间在观察研究上。

当项梁将大本营迅速北移至定陶时，宋义大为紧张，他判断章邯善于集结兵力，可能会趁项梁大意中采用突击战术。况且楚军的主力部队过分深入，是非常危险的。

项梁对宋义一向存有戒心，自然难以接受其警告，不但未曾强加戒备，反而经常带领少数亲信微服上前线视察，显示其“无敌将军”的气势。

宋义看在眼里，更为担心，他曾找范增要求协助，但范增深切了解项梁的个性，何况宋义又是楚怀王的人，是他建议采用的，劝谏根本无效，因此也婉拒协调。

项梁对宋义的干扰，愈觉不耐，便派他出使齐国，联络田荣以共同由东北方夹击章邯。

宋义行至半途中，正好遇上齐国的使者高陵君田显，他私下告诉田显：“您是否要前往拜见武信君（项梁）?”

“是啊！”

“我看武信君近日来骄兵轻敌，迟早会为章邯所败。您最好慢慢前往，以免死于兵乱中。若火速前去，或许正好赶上兵败之灾祸啊！”

田显深知宋义之能，便听其言，驻营在半途中。

项梁在前线的举止，章邯自然充分地掌握，对楚军的猛勇善战，章邯有深入的体会，因此一直不敢对项梁的外围军营采取主动袭击。

他一方面向咸阳城要求更多的军援，一方面集结军力，准备突击项梁的大本营。他派遣探马详细记录项梁的行动，也得知项梁经常微服巡视前线。因而，他有意隐藏兵力，让项梁和其将领们更加大意，同时也暗中规划好兵力分配，由一组突击队从后方切断项梁微服出巡的归路，自己则率主力突击定陶的楚军大本营。

在一个夜黑风高的晚上，章邯下令发动奇袭。喜欢夜间巡视的项梁正在归途中，遭到秦军部队的突击。措手不及之下，项梁和其亲信全部阵亡。章邯的主力部队，则袭击群龙无首的楚军大本营，仓皇中，楚军溃散，数十万主力一夜之间完全消失。

项梁战败的消息传到外黄，项羽和刘邦都十分悲伤。他们决定放弃外黄，去攻打陈留（今河南省开封市陈留镇）。由于项梁在定陶战败，项羽和刘邦的军队受到了很大的影响，他们在攻打陈留的时候也显得士气低落。陈留久久未能攻下。刘邦就和项羽商量说：“现在项梁将军在定陶兵败，士兵们有些害怕了。与其在陈留苦战，不如暂时退兵，等士兵们重振士气以后，再往西攻打秦兵。”

项羽因为项梁被杀，感到十分悲伤，不再像往常一样精神抖擞了。他对刘邦说：“我认为你说得很有道理。现在我们就退兵，先让士兵们重振士气，再作打算吧！”

于是，项羽和刘邦带领军队和吕臣合兵一处，一起往彭城退去。他们以彭城为中心，吕臣带领军队驻扎在彭城以东，项羽带领军队驻扎在彭城以西，刘邦带领军队驻扎在砀（今安徽省砀山县）。三人在各自的军营里训练士兵，准备再次往西进攻秦兵。

章邯见项梁已死，楚军的主力已经被自己消灭了，他就以为楚军已不能再对秦国构成威胁。他集结了部队，带着士兵们渡过了黄河，到黄河以北攻打赵国去了。

这个时候，赵歇是赵国的国王。赵歇任命陈馀为将军，张耳为丞相。章邯很快打败了赵国的军队。赵歇、陈馀和张耳逃到了巨鹿。章邯就命令王离和涉间带领部队把巨鹿包围了，他自己带着部队在巨鹿城南驻扎下来，作为援军。

陈馀则率领几万赵军在巨鹿城北驻扎，随时准备和章邯大战一场。历史上著名的“巨鹿之战”就要开始了。

巨鹿之战

史书记载，破釜沉舟之后，项羽召见大家，各位将领进项羽的辕门之后，“无不膝行而前，莫敢仰视”，意思是都跪着前进，头都不敢抬。从这个时候起，项羽名声大震，成为了真正意义上的起义军总司令，没有人敢不听项羽的。

诛杀宋义

项梁遽逝，楚军上下大为震动，项羽主动安抚，颇得军心。

为重行巩固楚军的防御阵线，项羽下令在西线的将军吕臣立刻引兵东回。为缩小战线，他又将楚怀王自盱眙引入彭城，并以彭城为京都。于是项羽以吕臣大军部署于彭城东，自己的主力部署于彭城西，准备迎击秦军的南下，刘邦则带领另外一支别动部队驻守于砀，互为犄角。

不久，宋义也自齐返回彭城，他暗中功谏楚怀王趁势夺回军队的主导权，以架空“项家军”。

这时候，经由楚国大力军援的魏豹军团，趁章邯后防空虚，连下魏地二十余城，声势大振，楚怀王乃下令封魏豹为魏王，以干扰秦军后方。

秦二世二年（公元前 208 年）闰九月，在宋义的规划下，楚怀王正式合并项羽和吕臣军团，由自己亲自带领。在范增的力劝下，项羽也以大局为重，隐忍脾气，交出军权。于是楚怀王封项羽为长安侯、号为鲁公，并以吕臣为司徒、其父吕青为令尹，由内部牵制项家军。他又将沛公刘邦独立出来，驻守砀郡，封为武安侯。

宋义在去齐国的路上遇到的使者就是高陵君。高陵君来到楚军当中，见到楚怀王说：“我在来楚国的路上遇到了宋义。宋义对我说：‘项梁一定会兵败!’过了几天，项梁果然在定陶的战斗中失败了。还没有开战，宋义就看到了项梁兵败的征兆，可见，宋义是一个善于用兵的人啊!”

楚怀王认为高陵君说得很有道理，也一个劲儿地夸宋义善于用兵。

第二天，赵国派使者来向楚怀王求救。楚怀王封宋义为上将军，鲁公项羽为副将，范增为末将一起领兵救赵。这时，宋义的权力已经大到了极点，所有的部队都要听从他的调遣。所以他的名号又叫作“卿子冠军”。

楚怀王又命令刘邦带领军队西进攻打秦军。怀王对众人说：“关中是秦国的老巢。现在我宣布先入关中，平定秦军的，我就封他做关中王。”

这个时候秦兵还非常强大，很多将领不敢带军队去攻打秦国，刘邦也显得犹豫不决。项羽因为秦兵杀了自己的叔叔，非常气愤，他向楚怀王请求道：“大王，我愿意带领军队西进攻打秦兵。”

楚怀王担心项羽的力量壮大以后，自己的地位会受到威胁，就不理会项羽的请求。楚怀王的老部下建议道：“项羽为人十分英勇凶悍。他在攻打襄城的时候，坑杀了全城的人，被项羽攻打过的地方没有一个地方不被他血洗的。而且楚军已经用武力攻打秦兵多次，陈胜和项梁都因此而失败了。秦国的老百姓被秦二世欺压已经很久了，他们早就盼望着能有宽容仁厚的人来领导他们了。如果我们派这样一个人带兵去说服秦国的老百姓，不用武力解决问题，会很受秦国百姓欢迎的。这项羽英勇凶悍，不适合担任这个任务。刘邦宅心仁厚，派他去比较合适。”

部下的建议正合楚怀王的心意。于是，他一再强调要刘邦带兵西进，项羽则跟随宋义到河北救赵。项羽没有办法，只好跟着宋义，一路往北救赵去了。

很快，宋义带着项羽、范增等人来到安阳镇（今山东省曹县东）。到了安阳以后，宋义下令道："部队停止前进，在安阳休整！"于是在安阳安营扎寨，停了下来。项羽希望早点带着士兵到达河北，和秦兵大战一场，但是，宋义却下令要部队在安阳休整。

性急的项羽派人频频追问："此处离巨鹿尚远，至少也应到黄河南岸再行驻营，这么远的距离，我们怎么对秦军做正确的观察？"

宋义只是一句"少安毋躁"，便未作更多的解释。

或许对章邯的研究过分深入，宋义在内心中相当害怕章邯。在安阳停军，显然是为了给自己更多的心理准备。他几乎每天都在召集军团将领做精神训话，不断强调自己对楚国的热爱，不惜牺牲性命去达成振楚灭秦的理想和热忱。他要求将领们要有觉悟，即使面对强大的章邯黑衫军，也要发挥楚军传统的强悍、勇猛本质。

宋义夸大其词的表演，对这些质朴勇敢的楚军团将领们其实没有太大的意义，项羽更是显出极度的不耐烦，观人较深入的范增，也很快抓到了宋义的弱点，便在一旁暗中冷笑着。

宋义的确不敢单独面对章邯，在出军前后，他便数度派使者说服齐国的田荣，要求他共同出兵援助赵国。

一向现实又不愿多事的齐国军事强人田荣不为所动，宋义更转而收买其他的齐国军团将领。齐将田都违反田荣命令，在十月初率军前来助楚援赵。

宋义的外交手腕不弱，除了田都外，也有不少义军应其所请，派军前往巨鹿会合，共同抗秦。

即便如此，宋义仍在安阳停军观望，一停便是四十六天。

项羽实在无法忍受了，就问宋义道：“秦兵已经把赵兵围在巨鹿城很久了。我们为什么不赶快渡过黄河，和赵兵里应外合，一起攻打秦兵呢？我们在外围攻打，赵兵在城内奋力反击，秦兵哪有不失败的呢？”

宋义见项羽又来质问自己非常生气，他愤愤地说：“你说的一点儿道理都没有。你没有听说过，牛虻只会妄想攻击庞大的牛，而实际上连牛身上的一只虱子也杀不死吗？现在，你这样的想法，完全是有勇无谋的表现！秦兵把赵兵围在了巨鹿，但是要想战胜赵兵也不是一件容易的事情。等秦兵战胜了赵兵，一定会兵疲将困。那个时候，我们一鼓作气，一举打败秦兵就是一件很容易的事情了。如果秦兵没有打败赵兵，而是失败了，那么，这个时候我们就可以趁机带兵往西进攻汉中，攻下咸阳。所以，我们最好先静观秦赵两国血拼，保存自己的实力。要说在战场上冲锋陷阵的事情，我宋义不如你项羽；但是要说到坐在营帐中谋划策略，你项羽却不如我宋义。”

宋义的话说得十分不客气，项羽在心中暗暗忍耐着。这时，项羽还不愿意和宋义有正面冲突，就忍气离开了宋义的营帐。

项羽离开后，宋义为了威吓项羽，显示自己的威风，就下令道：“军队中像老虎一样凶猛，像山羊一样喜欢争强斗狠，像狼一样贪婪的人，尤其是不听指挥的人，一律斩首！”宋义的这道军令其实就是针对项羽的。

摒除项羽的挑衅，并在军事会议中挫其锐气后，宋义更为志得意满，也更加地坚信自己的谋略和外交天赋。为加强田都在齐国的分量，

以打击田荣，宋义便以大量财援作诱饵，让他的儿子宋襄出任齐国的宰相，并亲自送儿子到达齐国边境的无盐（今山东省东平），在那里摆下丰盛的酒宴庆祝。

这时已经到了冬天，北方的天气寒冷起来了。连日的大雨，使得天气更冷了。楚军的衣物和粮食渐渐不够，士兵们又冷又饿。很多将领都担忧起来，项羽更是大怒，他对部下说：“本来打算合力攻打秦兵的，现在宋义却停在安阳不走了。今年附近的几个县都发生了饥荒，军队无法从百姓手中筹集粮食。现在士兵们每天都吃不饱，要靠吃野菜才能勉强维持。军中已经没有粮食了，他却和齐国人在无盐喝酒庆祝自己的儿子当上了宰相。他不带领军队渡过黄河，去赵国筹集粮食，和赵兵一起攻打秦兵，还说什么‘等待时机’！秦兵如此强大，而赵国刚刚成立不久，军队还十分弱小。秦兵攻打赵国哪有攻不下的道理！我们哪里会有什么好的时机可以等待！而且我的叔叔项梁的部队刚被章邯打败，他也在定陶被秦兵杀害。楚王整日在国中坐立不安，他把全国的军队都集中在一起交给宋义指挥，我们的成功或失败就看这一次了。但是他不体恤，而为了自己的私事和齐国人喝酒庆祝，怎么能算是楚国的大臣呢?”

第二天早上，项羽和各位将领照例到宋义的营帐中向他报到请安。项羽和平日里没有区别，一样穿戴整齐，向宋义请了安。忽然，项羽冲向宋义，一把抓住他，拔剑向他的脖子砍去，项羽手起剑落，宋义的项上人头已滚落地上。各位将领和宋义的随从们都被项羽的英勇吓住了，他们一动不动地站在原地。

项羽一手提着宋义的人头，一手持剑，向将领们宣布道：“宋义和齐国人阴谋反楚，楚王暗中命令我杀了他。”

营帐中的将领们没有人敢说一句话，他们被项羽的惊人气势镇住了。过了一会儿，将领们才纷纷对项羽表示效忠，他们说："首先拥立楚王的就是将军和将军的叔叔。现在将军杀了反贼宋义，又为楚国立了一件大功！"

各位将领就在营帐中商量着拥立项羽做代理上将军。项羽暗暗高兴，但口上还是说道："我的年龄还小，做上将军不是很合适。"

将领们又说道："项将军英勇异常，只有你才能做这个上将军啊！"项羽见状，也就不再推辞说："宋襄要到齐国做宰相了，他到了齐国一定会对我们楚国不利的。我们要马上派人去杀了他。"众人都觉得项羽说得很有道理，纷纷表示愿意带兵前去追杀宋襄。

于是，项羽一面派人去追杀宋襄，一面派桓楚向楚王报告自己诛杀宋义的事情。项羽派出的士兵很快就追到了宋襄。这个时候，他已经跟随齐国的使者进入齐国，准备上任了。士兵们追上他，一句话也没说，就把他杀了。

桓楚来到彭城，把项羽诛杀宋义的事情向楚怀王作了报告。楚怀王见项羽已经掌握了整个军队的领导权，担心自己如果不封他为上将军，项羽会对自己不利。他无可奈何，只好封项羽做了上将军，黥布、蒲将军都归项羽领导。

破釜沉舟

项羽杀了上将军宋义，重新获得了军事上的领导权，可谓是威震楚国，名闻诸侯。但是，与此同时，他也把自己逼上了誓死一搏的绝路。

项羽杀宋义的一个非常重要的理由就是宋义停滞不前，不主动与秦军作战，所以项羽说宋义不是“社稷之臣”。他在关键时刻不能为国分忧，畏缩不前。然而，现在宋义死了，项羽说了算，他必须要拿出点“绝活”来，否则，没有办法下台，收不了场。

其实，项羽心里也很明白，自己面对的不是一般的敌人，而是秦朝最强大的军队、最强大的战将。

然而，不管怎么样，对项羽来说不成功则成仁，他已经别无选择。

项羽知道面前的这场仗并不好打，危险系数很高，风险很大。项羽当时的处境和态势可概括为三句话：一是冤家路窄；二是力量悬殊；三是张网以待。

首先，何谓冤家路窄？

说来也巧，项羽面对的两大敌人都和自己有着很深的渊源，可以说是狭路相逢。

一个是章邯。这是秦朝后期著名的猛将。项羽的叔叔项梁就是遭到了章邯的偷袭，最后死在两军的混战之中。项羽看到章邯可以说是仇人相见，分外眼红，他要为叔叔报仇。而对章邯来说，在他偷袭项梁之前，曾经与项羽打过一仗，结果，由于自己准备得不充分和大意轻敌，被项羽杀得大败，损兵折将，他也决心要报这一箭之仇。

另外一个是王离。说到王离，很多人不是很熟悉，说到王离的爷爷王翦，大家就很清楚了，那是秦始皇统一六国，奠定大秦基业的开国功臣。十六年前，项羽的爷爷项燕就是败在了王翦的手下，最后自刎而亡。这是项羽一生中最大的伤痛，为爷爷报仇也是他立志屠秦的一个重要出发点。十六年后，他们的孙子再次对阵沙场，这种巧合也让我们感觉到历史确实充满了太多的传奇色彩。对王离来说，他要再展爷爷王翦当年的威风，再立新功。对项羽来说，他要为爷爷血洗深仇大恨，再次树立起家族的形象和地位。

所以，项羽面对的这两个敌人是他希望遇到的，他要通过战斗来报仇，证明自己的能力。但是，他也明白，这两个人也是憋足了一股劲儿要与自己一战。

其次，项羽与对手的力量悬殊。

当时，秦军总兵力不少于三十万人，共有两个组成部分：一部分由王离率领，大约有十万人。这部分军队都是边防军。这支大军是秦国的著名大将蒙恬创立的，秦始皇统一六国之后，为了稳固北方的边境形势，派出大将军蒙恬，修筑万里长城，屯田戍边，建立强大的边防军来与匈奴作战。

这支军队骁勇善战，有着丰富的作战经验，可以说是秦朝当时最强大的军队。平常这支军队是不参与内部战事的，但是由于起义军的

声势越来越强大，秦二世无奈之下把这支军队调到关中来。

另一部分由章邯率领，大约二十万人。这部分军队，人们习惯称之为骊山军。骊山军的战斗力非常强，最初是由犯死罪之人，或者说是亡命之徒组成，有点类似敢死队的味道。

后来在连年征战中，章邯的军队损失很大，朝廷一直不断地给章邯补充兵员，骊山囚徒的比例是越来越少。骊山军也只是一种象征性的称谓而已。

而项羽当时有多少人呢？总共不过四万人，并且是一个杂牌军，新兵占的比例很大，缺乏实战经验。总而言之，项羽这支部队无论从数量上说，还是从战斗力上讲，都没有办法与秦军相比，力量非常悬殊。

最后，当时的战场态势，可称为“张网以待”。

项羽北上救赵的时候，章邯的部队和王离的部队并没有驻扎在一起。章邯驻扎在巨鹿城的南面，王离负责围攻巨鹿城，章邯与王离的军队通过甬道相连。甬道实际上就是两边垒有围墙的道路。目的是给王离运送粮草，同时保证彼此的交通和通信联系。

很显然，章邯和王离的部署是一种典型的围点打援的战场布局。秦军当时的判断是，巨鹿城内兵力不多，攻城不是问题，关键是要打援，也就是打击来救赵的各路诸侯大军。所以，章邯率领了二十万大军打援，而王离率领十万大军攻城，这种兵力分配足以看出他们的作战企图。

但是，在章邯和王离的战场布局上，有一点是让人难以理解的。当时来救赵的诸侯军其实不止项羽一路人马，在项羽到来之前，已经有很多路大军驻扎在巨鹿城的北边，总兵力远远超过项羽。按道理说，章邯的军队应该驻扎巨鹿城北面，阻击各路援军才对。但是，章邯却置这么多支援军而不打，专门部署在巨鹿城东南，意图是什么呢？

很显然，就是针对楚军的。特别是当章邯听说，项羽杀了上将军宋义，楚怀王封项羽为上将军，继续率领楚军北上救赵。章邯心里就更清楚了，项羽一定会和自己一搏，项羽和秦军一战难以避免。章邯在此之前与项羽交过手，初次交战就被项羽杀得大败，他非常清楚项羽的战斗力。同时，自己又在突袭中杀掉了项羽的叔叔项梁，项羽能不报此仇吗？再者，项羽的爷爷项燕又是死在王离的爷爷王翦手下，凭项羽的脾气，他也会誓死一战，为爷爷复仇。

但是，章邯和王离非常清楚项羽此时的兵力情况。项羽再勇敢，在实力相差如此悬殊的情况下，他胜算的概率也不高。只要王离和章邯配合起来，消灭项羽不在话下。因此，从当时的态势看，章邯和王离并不惧怕项羽，反而希望项羽来。

正是在这种情况下，章邯有目的地把自己的部队部署在巨鹿城东南，与王离形成了夹击之势，而项羽的到来，恰似飞蛾投火，凶多吉少。

在巨鹿周围，对抗强大秦军的并非只有项羽所率领的起义军，其他各路诸侯军也纷纷赶来助阵。然而令人遗憾的是，他们见到了秦军的强大阵容后，都成了江湖上的街头艺人，光摆花架子，作壁上观，各自保存实力。那么面对秦军这块硬骨头，势单力薄的项羽该怎么办呢？

面对这样的一种战场格局，项羽在分析后认为，要想取得胜利，有两个问题需要及时解决。

一是要克服手下将士的畏战情绪。说白了，就是手下的将士都惧

怕强大的秦军，大家都认为，那么多路诸侯军都不敢与秦军硬碰硬，我们这点楚军又如何是秦军的对手。这种消极情绪弥漫在整个楚军之中，这对下一步的作战非常不利。对作战双方而言，仗还没有打，士气先低落下来，战场上也一定会败。鼓舞士气，让将士充满信心，让部队爆发出战斗力，这是项羽必须要考虑的。

二是要割裂章邯与王离的联系。章邯与王离之间如果形成合力，项羽胜算的把握就不大了，因此，必须通过一定的手段，有效地割裂章邯与王离之间的联系，各个击破，才有胜利的可能。

项羽在分析了章邯和王离的兵力部署后，制定了他巨鹿之战的第一步作战方案：攻击甬道，以弱示敌。

项羽认为，与秦军硬碰硬是不可取的，他发现秦军最薄弱的地方就是章邯与王离之间的甬道。因为甬道很长，秦军不可能在这么长的战线上都部署强大的兵力。切断甬道，打败守卫甬道的秦军应该还是有把握的。如果真能做到这一点，既可以割断两部分秦军之间的有效联系，也可以鼓舞士气。

于是，项羽给手下的大将英布和蒲将军下了一道命令，让他们率领两万人迅速渡过漳河，切断甬道，割裂秦军。不出项羽所料，甬道果然是秦军的薄弱环节。英布和蒲将军很快便在甬道上撕开了一个缺口，初战取得了胜利。

尽管这个胜利不大，但却拉开了一个很好的序幕，兵家讲，一定要慎重初战，初战必胜是一项重要的作战原则。项羽这一仗收到了三个重要的效果。

第一，给楚怀王和天下人一个良好的交代。

那就是，我项羽在与秦军勇敢作战，我不会像宋义那样畏缩不前，大家都看到了吧，这就是我项羽的作风。

第二，鼓舞了自己军队与北上救赵的其他诸侯军。

项羽胜利之后，给自己的将士打了一针“强心剂”，全军立刻士气高涨，同时，也鼓舞了北边其他的援军。赵国大将陈馀率领的援军主动找上门，表示愿意配合项羽作战，希望项羽有更大的军事行动，真正能够解赵国之围。也就是说，项羽这一胜，有了联合作战的盟友，这一点非常重要。因为陈馀当时有十万人，兵力不少，只是差一点勇气。项羽对陈馀说，你现在要主动出击，将王离的注意力吸引到巨鹿城的北边，让他离章邯的军队远一点，尽量分割他们，我很快会有更大的作战行动。陈馀回去后真的按项羽的要求去做了。这一下，王离可就忙起来了，主要兵力和精力都转向巨鹿城的北方，对东南方向的项羽根本无暇顾及。

第三，迷惑了秦将章邯，隐蔽了项羽更大的作战企图。

项羽出兵割断甬道，对此，章邯之前早就料到了。粮道暂时被割断，对章邯来说，影响不大，因为如果真要运送粮草，派出大部队护送即可。楚军虽然割断了粮道，但并没真正获得甬道的控制权，为此，章邯并不担心。相反，章邯对战胜项羽更有信心了。因为，他一直认为项羽会和他决战，但是，项羽却只是派出部分军队袭击粮道，说明项羽内心也惧怕秦军，这样一来，章邯更是觉得高枕无忧了。因此，章邯不仅没有派兵夺取甬道，反而放松了对项羽的警惕。

项羽的这一仗真可谓收获丰厚，也为他破釜沉舟，渡江决战奠定了坚实的基础，完成了项羽的第一步作战意图。

由于项羽杀了宋义，怀王才被迫封他为上将军，所以项羽处于一个没有任何外援，没有任何退路的境地，再加上宋义此前耽搁了

四十六天，军中后勤粮草更是问题。同时秦军围困巨鹿，已经有三个月了，巨鹿随时都有可能被击破。尽管初战告捷，但是，并没有从根本上改变敌强我弱的战场态势，情势危急之下，项羽究竟依靠什么力挽狂澜呢？

在此基础上，项羽制定第二步作战方案：破釜沉舟，以快制敌，打秦军一个措手不及。

第一步战役目的达到之后，项羽感觉到与秦军决战的机会到了。他认为，章邯对自己放松了警惕，王离也把主要精力放在了陈馀等诸侯军上。这个时候，巨鹿城的东南方向秦军力量薄弱，如果乘机渡河，从背后袭击，打王离军一个措手不及，应该有胜利的把握。在此基础上，再与城中的赵军和北面的诸侯军形成合力，乘胜进攻章邯的军队，秦军可破。

要打胜这一仗，必须把握住两个字：快和勇。快，就是要速战速决，在王离和章邯还没有反应过来形成合力的时候，便打败他们，不能给他们任何反应的时间。勇，就是所有将士不能有任何畏惧情绪，必须有一种誓死一搏的决心，要在气势上压倒秦军。

如何达到快和勇？项羽想到了一个非常简单的道理，那就是兵法上常提到的："陷之死地然后生"。必须要让所有的楚军将士感到，自己没有任何退路，唯有胜利才是生存的希望。想到这里，项羽心生一计。

在一个下午，项羽要求全军提前开饭，杀猪宰羊犒赏三军，有什么好吃的就吃什么，大家吃个饱，喝个够，然后早点休息，明天凌晨二更天渡河进攻秦军。

第二天，当所有楚军渡河之后，天正好大亮，项羽将所有将士集合在河边，面向河水站立，命令自己的近卫部队将所有做饭用的锅碗瓢盆都打破，同时，当着众将士的面，凿沉了所有渡船。

将士对此很不理解，项羽站在高处向将士们做了一个战前动员会。一是阐明了此战的重要意义。能否消灭强秦，在此一举，楚怀王在看着我们，各路诸侯在看着我们，天下的百姓在看着我们，我们只能胜，不能败；二是男子汉大丈夫死生何惧，再过二十年还是一条好汉。要成就大事，就要有一种大无畏的精神；三是我项羽永远和大家在一起，生在一起，死在一块，将来成大事，我不会亏待大家。现在，我们已经没有退路，只有战胜秦军，才有生还的希望。

面对此情此景，再看到项羽的这种视死如归的决心，所有人的情绪都立刻高昂起来，大家高喊，“誓与将军共存亡”，喊声震动漳河两岸，地动山摇。

动员完毕，项羽就率领楚军直奔王离军杀去。面对这样一支杀红眼的楚军，秦军望风而逃。楚军很快断了王离退路，与王离军九战九捷，最后，王离被俘，手下两名大将，苏角被杀，涉间自焚而亡。《史记》中对这场战斗的场面进行了形象的描述：

楚战士无不以一当十，楚军呼声动天，诸侯军无不人人惴恐。

楚军这种玩命的精神不要说把秦军吓住了，连其他的各路援军都被吓得目瞪口呆。

王离被打败后，章邯才得到情报，他简直不敢相信自己的耳朵，于是率领大军紧急救援。楚军此时正杀得兴起，项羽趁章邯的军队还没有来得及展开，便率军反击，又把章邯打得落花流水。这就是历史上赫赫有名的破釜沉舟的故事。

破釜沉舟之战，让各诸侯军真正见识到了什么叫勇敢顽强，什么

叫不惧生死，什么叫战斗力。史书记载，破釜沉舟一战之后，项羽召见大家，各位将领进辕门后，“无不膝行而前，莫敢仰视”，意思是都脆着前进，头都不敢抬。从这个时候起，项羽名声大震，成为了真正意义上的起义军总司令，没有人敢不听项羽的。正如司马迁所讲，从此之后，“政由羽出”就是天下大事都是项羽说了算。

虽然巨鹿解围了，秦军撤退了，但是秦朝大将章邯带领着剩余的二十万人准备卷土重来，如果项羽继续强攻，胜负依然未卜。事实上，项羽并不是总会来硬的，这次他采取了智取的战略，项羽最终如何给秦朝主力以致命一击呢？

到这里，其实巨鹿之战并没有结束。项羽开始实施自己的第三步作战方案：打谈结合，攻心为上，收服章邯。

章邯战败后退到棘原，棘原相当于今天河北平乡县，在这里章邯很快就收住了阵脚。清点了一下人员，兵力损失不算大，加上王离手下的逃兵，秦军仍然有二十多万人。在很大程度上，秦军是被项羽的这种阵势给吓败的。从兵力上来说，章邯仍然比项羽有优势。项羽也乘胜渡过漳河，在河南岸扎下营寨，与章邯形成了对阵的态势。

此时此刻，章邯和项羽的心情截然不同。

对项羽而言，可谓是春风得意，以胜利者自居。他虽然知道，自己马上与章邯交战并不一定有百分之百的胜算，但是，他同时也知道，章邯心中战败的阴影决定了秦军暂时与楚军展开决战的可能性也不大。

对章邯而言，心情自然糟糕得很，此时，他面临双重压力：一方面秦军从咸阳出发远程打击，物资供应困难，后勤保障压力很大。另一方面在他与项羽对阵的时候，秦二世多次派人来催促章邯赶快与楚军决战，消灭楚军，否则将军法严惩。

章邯当时就认为，这可能是秦二世不明白前线的情况，派人到咸阳解释一下就可以了。于是，派手下大将司马欣到咸阳向秦二世汇报情况。想不到此时的秦二世完全被丞相赵高控制，司马欣根本就见不到秦二世。在苦等了赵高三天未果后，司马欣感觉如果再在咸阳待下去，恐怕是性命不保。

于是，司马欣连夜抄小路赶回军中。果然在他刚跑没多长时间，赵高就派人前来追杀，也幸亏跑得快，并且走了小路，否则司马欣将难逃一死。司马欣回到营中，把情况向章邯如实汇报，并说，现在赵高专权，秦二世昏庸，我们打胜仗，赵高会忌妒我们，我们难逃一死；打败仗，回到咸阳照样是难逃一死。在这种情况下，作为秦朝大将章邯，心情能好得了吗？可谓是走投无路，无国无家。

章邯的这种处境被项羽了解到。于是，项羽就让陈馀给章邯写了一封信。大概意思是，给秦朝干的大将没有几个有好结果的。比如蒙恬和白起，哪个功劳不比你大，并且也没有什么过失，最后都死得很惨。你打了这么多败仗，损兵折将，更不会有好结果。你现在是进亦死，退亦死。还不如和我们共同反秦，将来秦灭亡了之后，也能封王封侯。这番话正好说在了章邯的心坎儿上。章邯开始动摇了，并私下派人到楚军中与项羽谈和。

然而，此时的项羽心里非常清楚，也很冷静。项羽感觉到，虽然章邯派人来谈和，但是，他还有与自己作战的资本，同时，章邯的内心深处对秦朝还抱有希望，所以，此时接受章邯投降，将来却未必能够控制他，或者说，章邯未必真正心服口服。

于是，项羽觉得还有必要再打击一下秦军，坚定一下章邯起义的决心。于是，项羽再次率领楚军进攻章邯。此时的章邯根本就没有心

情作战，哪里还有战斗力，结果又遭受了两场大败仗。

在这种情况下，章邯再次派出使者，表示愿意投降。项羽感觉到，此时的章邯应该是发自内心对秦朝失望了，再加上自己的粮草也有些不足，于是在殷墟（今河南省安阳境内），接受了章邯的投降。

至此，巨鹿之战的第三个阶段结束。整个巨鹿之战才真正落下帷幕。

在巨鹿之战中，项羽率领少量的杂牌军，竟然彻底打败了数倍于己的秦朝精锐部队，这无疑是项羽的天才之作。大秦帝国由此只能苟延残喘，再也无力重整旗鼓。那么项羽在这场战争中，给后人留下了什么智慧启迪呢?

巨鹿之战是项羽人生道路上最辉煌的一战，也是项羽军事才能的集中体现，同时这一战也有效地消灭了秦朝最强大的战略机动部队，奠定了项羽的霸业基础。所以，后人讲：

首难者虽陈涉，灭秦者项王也；入关者虽沛公，灭秦者项王也。

虽然陈胜首先举起了起兵反秦的大旗，但是真正在消灭过程中起关键作用的还是项羽；刘邦虽然第一个进了关，但是论灭秦的功劳，还是项羽大。而这一切都要归功于巨鹿之战。

辉煌战例

作为军事史的一个辉煌战例，巨鹿之战还有许多值得我们学习和思考的地方。

第一，人在危难之中，一定要有一种勇敢向上的精神和必胜的信念。

巨鹿之战留下了两个很有名的成语，一个是“破釜沉舟”，另外一个是“一以当十”。这两个成语很形象地体现了项羽身上的那种勇往直前的战斗精神。正是这样一种精神才成就了项羽。

事实上，救赵的诸侯军有多路，从感情和道理上来讲，有两支军队应该比项羽更加勇敢地与秦军作战才对。一支是张敖率领的军队，张敖的父亲叫张耳，是赵国的丞相，正被秦军围困在巨鹿城中，“打仗亲兄弟，上阵父子兵”，爹被困了，做儿子的总该冲锋在前吧，但是，张敖虽然有救父之心，却突破不了对秦军的恐惧。

另外一支是陈馀的部队，陈馀当时率领数十万人，从兵力上来讲，足以与王离一战，另外他又是赵国的大将，赵王被围了，更应该与秦军决一死战。更关键的是，他和张耳是刎颈之交的兄弟，闻名天下。何谓刎颈之交？就是杀了头也不背叛的铁哥们。

据史书记载，陈馀事张耳如父亲一般好。而张耳对陈馀也甚是关

爱。史书中记载了这样一个故事，说秦朝当时通缉张耳和陈馀，他们就隐姓埋名地躲藏了起来，陈馀还谋了一个小官。有一天，陈馀得罪了上司，上司想打陈馀一百鞭子，陈馀感到冤枉，就想抵抗。但是，被张耳及时制止了，他对陈馀讲，小不忍则乱大谋，现在我们不能暴露，不能硬拼，于是，张耳就替陈馀挨了这一百鞭子。通过这些我们可以看出，无论是从陈馀作为赵国大将的身份，还是与张耳的这种感情，他都应该与秦军誓死一战，但是陈馀还是没有这份勇气。

因此说，项羽之所以是项羽，之所以成为我们后人心目中的大英雄，与他的这种勇敢有很大的关系。在我们今天的社会生活中，勇敢已经成为一种重要的品质。一个人、一支军队、一个国家、一个民族在前进的道路上不可能是一帆风顺的。除了讲究方法、策略、技巧，在最关键的时候，还要有一种“狭路相逢勇者胜”的精神。无论面临什么样的困难，都应该迎难而上，这或许就是巨鹿之战留给我们最重要的精神遗产。

第二，要注重激发团队的力量。

项羽为什么要破釜沉舟，说到底，他心里非常明白，尽管他身高八尺，力能扛鼎，但英雄难抵四手，好汉还怕群狼，要想取胜，还是要靠这支部队的整体战斗力。破釜沉舟的做法尽管有些极端，却把一个没有战斗力的团队给激活了。同样的一支队伍，同样还是那些人，为什么前后差距如此之大？很显然，就是因为大家的目标一致，决心一致。

在团队建设中，每一个人都能够在团队中找到合适的位置，把自己的聪明才智都发挥出来，这个理念非常重要。问题的关键是要有合适的方法。破釜沉舟是项羽在非常特殊的条件下所做出的一种选择，从方法本身来说，不一定有普遍的意义。但是他给我们留下了启发：要相信自己的团队，没有哪一个团队缺少战斗力，关键是看我们如何领导、如何塑造、如何把握。

第三，要善于把握住事物的薄弱环节。

从巨鹿之战的整个过程看，在第一个阶段，项羽把攻打甬道作为初战的目标进而取得胜利；在第二个阶段，他把比较空虚的巨鹿城东南方向作为进攻目标，所以才能够大败王离；第三个阶段，他又抓住章邯矛盾的内心世界，对章邯攻而不围，打而不歼，避免把章邯逼上死路。项羽这样做，既促使章邯下了投降的决心，又大大减少了楚军的伤亡。章邯毕竟还有二十多万秦军，仍然有很强的战斗力，如果真的把章邯逼成困兽之斗，必然是两败俱伤。项羽就是抓住了章邯最脆弱的内心，最终不战而屈人之兵。其实，我们不管面对什么样的艰险，排开它们外在形形色色的表现形式，里面都隐藏着一些关键点和薄弱环节。事半功倍和事倍功半的最大区别在于，我们是否能够在关键时间、关键地点、关键环节上发挥应有的才智，盲干是不可取的。

总之，项羽通过巨鹿之战，彻底推倒了维持秦朝统治的擎天之柱，秦朝的灭亡之期已经近在眼前。

坑杀秦兵

在项羽攻打围困巨鹿之时，刘邦也受楚怀王的命令领兵西进。在西进的路上，刘邦召集了陈胜和项燕被秦兵冲散的士兵，实力也逐渐强大了。秦二世担心刘邦不久就会攻打到关中十分害怕，秦二世派人到棘原向章邯说："刘邦一路西进，照这样子下去，他很快就会攻到关中的。你快点去阻止他吧。"

为了阻止章邯西进去攻打刘邦，项羽带领军队驻扎在了漳南。两军相持数月不战。秦二世见章邯被项羽阻止在了棘原，又派人来责问他。章邯害怕秦二世怀疑自己的忠心，就派长史欣到咸阳去解释。

长史欣来到咸阳以后，找到了赵高。他在司马府门前站了三天，赵高都没有见他。赵高知道章邯是一个聪明的人，如果秦二世屡次重用他，自己的地位就会受到威胁。他想借这次机会除掉章邯。长史欣见赵高不愿意接见自己，就明白了他的险恶用心。他急急忙忙地往军营赶去。他害怕赵高会派人追杀自己，不敢从原路返回。

赵高的属下见长史欣已经走了，就来向赵高汇报说："长史欣已经走了。"赵高暗暗想道："长史欣如果回到军营，一定会把我不肯见他的事情告诉章邯。章邯现在还军权在握，如果他挥师西进，一定会杀了我的。我一定要派人去杀了长史欣。"

想到这里赵高就吩咐道："你赶快带人去追赶长史欣，一旦追到，立刻处死!”赵高的属下急匆匆地带人追赶长史欣去了。因为长史欣没有从原路返回，他们也就没有追到。

长史欣回到军营，立刻向章邯汇报说：“我到了咸阳，赵高不肯见我。他一定有阴谋。赵高深受二世的宠信，他从中作梗，我们毫无办法啊！现在我们如果听从二世的命令，和项羽、刘邦作战，战胜了，赵高一定会嫉妒我们。到时候，他会想尽一切办法排挤我们。如果我们战败了，即使不死在阵中，赵高也不会饶了我们。请将军仔细考虑啊!”

章邯感到十分苦恼，心中有些动摇，他想和项羽讲和，投靠项羽。他对长史欣说：“这件事情让我慎重考虑一下。”

第二天，陈馀派使者给章邯送来一封信，信上说：“白起是秦国的大将军，他带领军队南征北战，立下了无数战功，结果却被秦昭王赐死。蒙恬将军也是秦国的大将军，他一生戎马，也为秦国立下了赫赫战功，秦二世竟然不分忠奸，在阳周把他杀了。这是为什么呢？因为他们战功卓著，已经功高盖主，秦国不能按照他们的功劳给他们封赏，只好找借口把他们杀了。现在，将军做秦国的大将军已经三年了。三年当中，你虽然打了很多胜仗，但是也损失了十几万军队。况且，现在全国各地的人们纷纷起兵反秦，力量越来越大，你是无法抵挡住的。”

章邯看到这里，低头沉思了一会儿，接着看了下去。他看到信上写道：“赵高向来受到秦二世的宠信，他害死了很多对秦国有益的大臣。赵高担心二世会怪罪自己，所以就想尽一切办法把罪责都推脱到将军的身上。只要赵高把秦国逐渐衰弱的大罪推到了你的头上，找机会把你杀了，再找个人来代替你，秦二世就不会怪罪到他的头上了。

现在你已经带兵在外很长时间了，秦二世身边说你坏话的人很多。不管你有没有功劳，只要你回到秦国，秦二世一定会杀了你。而且，现在的情况是天下百姓纷纷反秦，秦国的末日就要到了。不管是谁都能看出这一点。目前，你身在军营，不能直接向秦二世进谏，军队又被项羽将军打败，还能坚持多久呢？这种情况下，你孤立无援，想要长久地坚持下去，怎么可能呢？你为什么不就地起兵，和各路反秦的将领们一起攻打秦国呢？这样，你不但可以保住自己和全家人的性命，还可以在胜利以后分到秦国的土地，称王一方。”

章邯看完陈馀的信，心中更加混乱了。晚上，章邯暗暗派部下侯始成去和项羽谈判，想和项羽讲和，投靠他。项羽见章邯仅仅派一个部下来和自己谈判，心中不快。他认为章邯很没有诚意，想向自己多提一些条件。在谈判还没有成功的时候，项羽派蒲将军率领先锋部队连夜渡过漳水，在漳水南边和秦兵大战。

秦兵哪里是勇将蒲将军的对手，蒲将军很快就把秦兵打得落花流水。项羽见蒲将军成功，就带着所有的部队去追击秦兵。项羽带着部队追到了纡水上，见到秦兵正想渡河逃跑。项羽命令士兵们奋勇杀敌，在项羽的带领下，很快打败了秦兵。

章邯两次被项羽打得落花流水，损失了很多兵力，心中不再犹豫了。他马上派人去求见项羽，说：“项将军，章邯将军令我来求见您，愿意跟随您一起攻打秦国。”项羽见章邯不再犹豫，就打算接受他投降的请求。项羽想：虽然章邯几次战败，但他的手上还有二十万部队，这二十万的部队对我来说还是一种威胁。接受了他投降的请求以后我就少了一个敌人。于是，项羽召集参谋们商议说：“现在我们军中的粮食已经不多了，再和章邯打下去，对我们不利，不如接受章邯投降的请求。”参谋们认为项羽说得很有道理，就纷纷同意了他的看法。项羽派人通知章邯，两军在洹水南岸的殷墟(今河南省安阳市殷墟遗址)上举行结盟仪式。

第二天，项羽和章邯来到了洹水南岸的殷墟，订盟仪式在严肃的氛围中进行。仪式结束后，项羽亲切地挽着章邯的手臂。在战场上，两个人是死敌，但是项羽很尊重这位善于用兵的敌人。现在两个人已经从敌人变成了盟友，项羽怎能不高兴呢?

章邯也很佩服项羽。他还记得第一次听说项羽的名字是在他坑杀了襄城全城军民的时候。当时章邯的兵力十分强大，他根本就没有把项羽放在眼里，他还想：项羽不过是一个毛头小子，有什么可怕的。但是，一年后，项羽已经成了他最强大的敌人。每次临阵，章邯总会想到那个坑杀襄城全城军民的年轻人。

如今这个昔日最可怕的敌人就站在自己的面前，而且已经成了自己的盟友。章邯仔细地看着项羽，只见项羽身材魁梧，相貌英俊，笑容也非常淳朴。他很高兴有了项羽这样的朋友，但是无论如何，项羽都曾是自己的敌人，而且是一个让自己饱受屈辱的敌人。突然，他想到了赵高，其实真正害得自己要向项羽投降的人是赵高。委屈瞬间充斥了章邯的内心，他痛哭流涕地对项羽诉说了赵高是如何陷害自己的。项羽安慰着他，并承诺一旦攻下咸阳，一定亲手杀了赵高，为他报仇。

几天后，项羽封章邯为雍王，并把他留在了自己的军中；封长史欣为上将军，并派他率领章邯的二十万军队作为先锋，西进攻打秦国。

项羽带着部队西进到了新安(今河南省新安县)，他们在新安安营扎寨，驻扎了下来。项羽军队中有很多人是农民出身，他们在参加反秦的部队以前，被秦国的官员、士兵欺压得很惨。章邯的二十万部队中

就有很多人欺负过这些农民，他们投降项羽以后，这些农民出身的军官非常开心，他们终于找到机会报仇了。于是，他们就像对待奴隶一样驱使这些投降的士兵，动不动就侮辱他们。

投降的士兵们偷偷地聚到一起说："我们被章邯将军骗了。他带着我们投降了项羽，项羽是各地反秦部队的首领，我们也要跟着他一起去攻打秦国了。如果我们能够攻破秦国，推翻秦国的黑暗统治，那最好不过了。如果我们不能攻破秦国，而是失败了，项羽和各位反秦的将领一定会带着我们逃到东面去，我们的家都在关中，到时候秦二世一定会派人杀了我们的父母、妻子和儿女的。"

很多投降的士兵都觉得这话说得很有道理，他们的心中非常矛盾。这些投降士兵的议论被项羽的一个部下听到了，他偷偷来到项羽的营帐中报告说："刚才我听到秦国投降的士兵们在悄悄议论说能打败秦国最好；不能打败秦国，将军必定带着他们到东面去，到时候他们的父母、妻子、儿女都要受到连累。这不是一个好征兆啊！恐怕这些士兵到了关中要谋反的。"

项羽听到部下的汇报，心中不快。他马上派了自己的亲信混到投降的士兵中去了解情况。亲信回来后，证实了部下的汇报。项羽又派人去把黥布和蒲将军找来，他们商议说："秦国投降过来的士兵尚有二十万人，这是一支不可忽视的力量。现在他们议论纷纷，不服我们的领导，如果到了关中，他们谋反了，事情就不妙了。不如趁现在还没有到关中，先把他们杀了，只带着章邯、长史欣和都尉翳到关中。这样子我们比较容易控制他们。"黥布和蒲将军觉得项羽说得很有道理，也都同意悄悄击杀这些投降的士兵。

晚上，项羽派人到投降士兵的部队中传令说："全部到新安城南集结。”原来，新安城南有一片低洼的地方，人走到里面就不容易出来了。黥布和蒲将军已经带着部下在这里悄悄地埋伏了起来，只等那些投降的士兵一到，就发起进攻，把他们全部活埋在这片低洼地中。

投降的士兵们接到命令，都来到了城南。这天晚上月黑风高，不时有怪异的声音从远处传来，这些投降了的士兵们心中都非常害怕。忽然，四周响起了震天的喊杀声。原来，黥布和蒲将军带着楚军冲过来了。楚兵们一边喊着，一边往低洼地中填土。一瞬间，低洼地笼罩在一片凄厉的喊叫声中。

一夜过去了，投降的二十万秦兵全部被活埋在了新安城南的低洼地中。

刘邦先入关中

刘邦大军击破蓝田关后进兵灞上（今陕西省西安市东），与张良、萧何等人商议，决定先礼后兵，给秦王子婴送去一封劝降书。子婴看到刘邦兵临城下，朝中官员也纷纷逃亡，自知山穷水尽，回天无力，只得答应投降。

高阳酒徒

项羽始终在主战场正面攻击秦军的主力。巨鹿之战，以少胜多，沉重打击了秦军主力，士气日盛。随后，从秦二世二年冬到三年七月，楚军在漳水对峙章邯军，足足八个月时间，牵制着秦军主力，直到章邯投降，这种局面才结束。

刘邦在这段时间内，以少量兵力避实就虚，趁机向西进发，直奔咸阳，作战指挥的灵活性充分体现了出来。

也就是从这时候起，刘邦独当一面，举起了灭秦的大旗。这也是刘邦走向天子之位的关键一步。细细想来，的确既是运气，也是人力。刘邦、项羽共同打仗，项羽当先锋，刘邦为接应。项羽在前面杀人，被人们认为残忍；刘邦在后面收拾残局，被人们当成仁慈……

几天之后，刘邦从砀地出发，一路收编陈胜、项梁散兵，挥师北上，打破城阳，攻克杜里，连败秦军，全军将士和刘邦都欣喜异常。

接着，刘邦在东郡（今河南省濮阳西南）附近打下几次胜仗，收编楚将陈武、魏将皇欣、魏申徒武蒲的军队，队伍增加到两万多人。

秦二世三年（公元前 207 年）二月，刘邦率兵南下，兵围昌邑（今山东省金乡县西北）。昌邑守将据城固守，刘邦与彭越联合攻打，城中拼死抵抗。刘邦害怕拖延时间，决定放弃攻城。与彭越分道扬镳后刘邦率兵西进，路过高阳，在这里，他得到他的一个重要谋臣郦食其和郦商。

郦食其是高阳（今河南省杞县西）的一个老儒生，平生最爱喝酒，家贫落魄，无以生计，只好在里中做监门吏。虽然如此，高阳县中人不敢派他差役，都认为他是一个“狂士”。

刘邦手下有一骑士，正是郦食其的老乡，回乡省亲碰到了郦食其。郦食其说：“我听说沛公刘邦素来傲慢无礼，但是志向远大。我正想跟这样的人交往，但是没有人给我介绍。你回去对他说，我们里中有一个儒生叫郦食其，六十多了，身高八尺，人们都叫他‘狂士’，但是他自己却说自己不是‘狂士’。”

骑士说：“沛公不喜欢儒生，有很多人戴着儒生的帽子去见他，沛公常常取下人家的帽子来当尿壶。他与人说话，经常骂骂咧咧。不能说你是儒生！”郦食其说：“那你就说我是高阳酒徒。”

骑士回告刘邦，把与郦食其说的话详细地告诉刘邦。刘邦令骑士去召郦食其。

郦食其到达刘邦住所的时候，刘邦踞坐床上，两个女子正在给他洗脚。刘邦看到郦食其进来，依旧坐着不动，女子照旧给他洗脚。

郦食其走上前去，只打了一拱，也不行大礼，开口说：“你领兵到这里，是帮助秦兵讨伐诸侯呢？还是跟天下诸侯一起消灭秦国？”

刘邦骂道：“竖儒！天下人惨遭秦国暴政的折磨已经很久了，所以天下诸侯联合灭秦！你糊涂到了如此地步，还说什么辅助秦兵讨伐天下诸侯？”

郦食其说：“你既然起义兵铲除暴秦，为什么摆出这副样子来见长者？你如此傲贤慢士，谁愿给你出谋划策？”

刘邦听着觉得有道理，马上停止洗脚，提着衣服，赤着双脚，站起来礼请郦食其上坐，致歉说："刚才先生来得匆忙，一时礼数不周，切莫见怪，海涵，海涵。"

于是郦食其先说六国纵横，后论秦国无道，口若悬河、滔滔不绝，仿佛苏秦、张仪再世。

刘邦大喜，叫人给郦食其摆上酒食，详问伐秦入关大计。

郦食其一边喝酒，一边高谈阔论："将军收罗乌合之众，率领散乱之兵，总共加起来不过数万人，就想直入关中，进攻强秦，真是驱群羊入虎口！依我看，不如首先占有陈留。陈留是秦国囤粮之所，城中积粮很多，足以补充军需。陈留是天下战略要地，四通八达。我与陈留县令素来不错，愿去劝降。如果他不从，将军引兵攻城，我可以为内应。占领陈留，作为根据地，然后寻找机会攻入关中，这才是万全之策。"

刘邦听了很高兴，派郦食其依计行事，刘邦派兵暗中跟随。

郦食其到了陈留，启动三寸不烂之舌游说县令，任他说得天花乱坠，县令不为所动。郦食其话锋一转，又为县令献计守城。县令被他感动，设宴置酒款待。郦食其本是高阳酒徒，酒量大得惊人，三杯下肚，要求更换大杯畅饮。县令不知是计，酒量不是他的对手，早被郦食其灌得大醉，被众人扶入内室昏睡。

郦食其趁机潜出县衙，假传县令之命，打开城门，迎接刘邦大军入城。不费吹灰之力，刘邦轻取陈留，缴获了大批粮草。陈留县令酒醉未醒，被乱军杀死。

刘邦出榜安民，严肃军纪，不准扰民。城中百姓很快臣服，各自安居乐业。

刘邦佩服郦食其神机妙算，奖励轻取陈留之功，封为广野君，留在身边作为谋士。

郦食其的弟弟，名叫郦商，有勇有谋，早就暗中组织人员反秦。郦食其推荐给刘邦，刘邦命其招旧部和陈留子弟，得数千人，封为裨将，随军西征。

秦二世三年（公元前207年）三月，刘邦军队经过休整，兵围开封。开封未下，秦将杨熊领兵增援。刘邦撤开封之围，率兵北击杨熊。两军在白马（今河南省滑县东）开战，刘邦兵马突然袭击，击溃秦兵。杨熊带着败兵向荥阳（今河南省荥阳东北）逃去，到了曲遇（今河南省中牟县东）东，摆开阵势，准备跟刘邦决战。刘邦命令樊哙为左军，夏侯婴为右军，自统中军正面迎敌；又令周勃、灌婴率军背后包抄。秦军与刘邦军正面酣战，空前激烈，难解难分。周勃、灌婴从后面杀来，秦军被两面夹击，队伍混乱。刘邦趁机催动人马猛烈攻击，把秦军分割成数块，围而歼之。秦军大败，杨熊只得带领一股残兵，继续向荥阳逃去。

这是刘邦西进关中最激烈的一战，刘邦大获全胜，士气大振。刘邦也因此更进一步加强了先入关中、消灭秦国、为关中王的决心。刘邦大军进驻曲遇，犒赏三军将士。事隔几日，传来消息，杨熊兵败被杀。此时，刘邦附近已无强敌，遂进兵颍川（今河南省禹县）。

秦二世三年四月，刘邦大兵围攻颍川郡府阳翟（今河南省禹县）。阳翟城高池深，兵多粮足。刘邦连攻数日，仍不见效，苦无良策。

此时，张良的突然到来，让刘邦喜出望外。

刘邦和张良的是怎么认识的呢？这要从刘邦沛郡起兵说起，当年刘邦起兵后，便率萧何等亲信四处寻找粮食，以维持军团的长期生存。

他将丰邑交由同乡人雍齿固守，雍齿从小和刘邦便颇熟识，他的身份地位更高于刘邦，因而实在无法甘心在这位“刘季”手中讨生活，便趁机献城降魏了。刘邦闻之大惊，立刻带军反攻，但雍齿闭城坚守，刘邦不能入，成了没有根据地的流浪部队。刘邦无法，只好去投奔楚王景驹，在途中偶遇韩国贵族后裔张良。张良和刘邦谈得很投机，便将自己的人马全交给刘邦统领，自己也以客卿的身份留在刘邦阵营内。

张良，字子房，是战国七雄中韩国的贵族，祖上做过韩国的宰相。韩国灭亡时，张良年纪太小，所以并未在朝廷为官，但他心中一直有复国的大愿。别看他长得柔弱，可个性豪放，胆大心细，深富谋略，敢作敢为。他雇人以大铁锤击杀秦始皇，惜未成功。后来张良回韩国实施复国计划，便与刘邦分别了。今日相见，自是欢欣不已。

张良说：“自从与沛公分别之后，我协助韩王成兵略韩地，虽然取得几城，但又被秦军夺回。因此，只好在颍川左右，来来往往进行游击战，消灭秦军有生力量。听说沛公到此，特来相见。”

刘邦说：“先生来得正好，帮我攻下阳翟，我再助韩王抢占地盘。”

张良巧献一计，火攻阳翟城门，破城而入，杀散守兵，占领了阳翟。

两人正商议攻打荥阳，听说赵将司马卬渡河入关。刘邦害怕落后，急忙领兵北上，攻打阳丰（今河南省孟津县东），切断司马卬西进通路，率师向南攻打雒阳（今河南省洛阳市东北）。雒阳城高池深，一时难以攻破，刘邦立即挥师前进，进入轘山区（今河南省偃师县东北）。

轘山山路崎岖，通道盘旋，地势十分险要。《史记索隐》曾说，辕山有九十二弯，是天下险要之处。正是由于道路艰险，秦国没有派兵把守，为了抓时间，抢速度，刘邦不得不铤而走险，所幸顺利通过。

过了辕山，进入原韩国故地，刘邦与张良密计，一路夺关斩将，很快打到了阳城（今河南省登封县东南告城镇），缴获战马千匹，占领十余座城池，韩地基本扫平。刘邦留韩王成镇守，向韩王成借了张良，继续西进。

之后，刘邦带兵攻打南阳郡，准备从武关进入秦地。南阳郡守率兵追击刘邦军，被刘邦先锋樊哙击败，退回宛城（今河南省南阳市）。宛城是南阳郡首府，城池坚固，又有重兵把守，刘邦急于入关，立即从城西绕道而过，直扑武关（今陕西省商南县西北）。

刘邦大军离开宛城几十千米，直到丹水（今河南省淅川县西）。日坠山头，暮色将起，暑热开始散去，凉风徐徐拂面而来。头脑发烧的人往往在这个时候开始清醒。只见张良快马加鞭，一下子跑到刘邦马前，拦住了去路，刘邦忙勒住马。

张良请沛公歇马，说："我有一件事不明白，特来询问清楚。"

"先生有话直说，不必客气。"

"前日沛公兵精粮足，反而要到韩王那里借我，我不知是何用意？"

刘邦笑着说："先生深谋远虑，我想经常听到您的教诲，这有什么不明白的？"

张良也笑着说："这一整天偷偷行军，我想了好多时候，才觉得有一事应该提醒提醒！"

"先生请讲！"

"沛公虽然急于入关，但是秦兵还很强大，他们会凭借险阻拼命抵抗。如今宛城未下，前面又有强敌。秦兵前后夹攻，我还没有想出用

什么妙计可以退敌!”

刘邦忙问如何处置，张良附身低言如此如此。刘邦大惊，急忙下令骑兵在前，步兵在后，全军星夜兼程，务必在天明之前，把宛城围个水泄不通。五更天时分，刘邦大军把宛城围了起来，刘邦下令各军挂出旗帜，摆出各种武器，整个宛城被围成铁桶一般。

天刚亮，太阳还未升起时，只听得鼓声震天，号角齐鸣，刘邦大军发动了攻势。南阳郡守听得探子回报，刘邦大军已经西进，才放下了一颗悬着多日的心，回府安心睡了一夜。忽然听到城外鼓角齐鸣，登城一见此等情况，早吓得三魂一下子少了二魂，幸亏左右及时扶住，才没瘫倒在地。这就是刘邦采纳张良突然袭击宛城，威迫降敌之计。

刘邦放弃宛城不攻，准备急于进入关中之时，张良就已经定下了妙计，但是他不急着去对刘邦说，因为他知道刘邦从善如流。等到迷惑住敌人之后，他及时劝阻刘邦西进，飞兵围住宛城，打了秦军一个措手不及。南阳郡守看到如此紧急情况，大声叫道：“兵临城下，早晚是死。迟死不如早死!”拔剑就要自杀。食客陈恢一步向前抱住，高声说道：

“主人不要性急，离死还早着呢。”

郡守无可奈何地垂着头，说：“先生有何妙计，还可以救我不死?”

陈恢说：“我听说，刘邦当年曾经义释押送的骊山刑徒，按理是个宽厚仁慈的人。如今天下大乱，鹿死谁手尚未可知。大人何不归顺于他，既可保住性命，保全禄位，还可让全城军民免遭杀戮。大人如果情愿，小人愿去游说刘邦，确保万无一失。”

郡守无计可施，只好叫陈恢去试一试。陈恢缒城而下，声称要见沛公。

张良忙劝刘邦将此人请进。

陈恢说：“我曾听人说，楚怀王与诸将相约：‘先入咸阳者王之’。如今沛公围攻宛城，恐怕一时难以攻下。宛城有数十个城池可以互相支持，人口多，积蓄广，官吏们都认为投降是死，战死也是死，所以都坚决据城拒敌。如果沛公拼力强攻，杀人三千，自损八百，士卒死伤者必众；不攻下宛城，贸然引兵西进，宛兵必追无疑；沛公必然两面受敌。沛公如果攻下宛城，入关就会落在他人的后面；沛公不攻宛城，又要两面受敌。下人已经给你想好了一条妙计：不如招降，封郡守为官，还是叫他镇守宛城，沛公带兵快速西进。那些未下之城，难道还不闻风而降吗？沛公通行无阻，还怕不先入咸阳吗？”

张良急忙给刘邦使眼色，暗示他应允，刘邦没有不同意的道理，马上采纳陈恢意见，派陈恢回去告知郡守。

秦二世三年（公元前207年）七月，南阳郡守打开宛城大门，迎接刘邦大军入城，刘邦封郡守为殷侯，镇守宛城，封陈恢为千户侯，辅佐郡守政事，其他人等，一律保留原职。

陈恢出城游说刘邦，不说郡守吓得要死，准备自杀，而只是告知刘邦，如果强攻，必然杀敌三千，自损八百，并且还要耽误入关大事；如果允许宛人归顺，不仅可以一路畅通无阻，早日入关，获取“王关中”的政治优先权，而且还不会损兵折将。他真替刘邦想得周全。张良希望的就是这个结果，所谓“不战而屈人之兵”就是如此。

张良一计，刘邦就顺利抵达武关，进入咸阳，一人之谋胜兵力多矣。当然，之所以能“不战而屈人之兵”，也是因为有实力作为后盾。

休整几日之后，刘邦带领大兵出宛城，经丹水，过胡阳（今河南

省唐县南)，过郦（今河南省内乡县东北)、析（今河南省内乡县西北)，沿线城镇，箪食壶浆，闻风而降。刘邦尝到了文攻的滋味，严令将士不得骚扰百姓，所到之处，秦民安居乐业，人人欢喜。刘邦大军直向武关扑去。

从这段进军的经过可以看出，刘邦力量小，用兵又不如项羽，但却所向无敌，抢先而行，不外乎顺人心而已。

刘邦为了入关，他说变就变，得到了谋士郦食其；他放弃昌邑不打，引兵急进；他避开敌人，翻越辕山，直插韩国故地；他冒着被前后夹击的危险，放弃宛城不攻；他被派去偷袭秦国首都咸阳，能躲就躲，能绕就绕，比项羽提前两个月进入关中，取得了“先入关者王秦”的政治上的优先权，还博得一个“仁义”的好名声。

而项羽，披坚执锐，勇往直前，气吞万里如虎，从来不知什么叫投机。他是一个真正的战士，却不是一个谋略家。

赵高伏诛

秦二世三年八月，刘邦军攻破武关，进抵蓝田关，这已是进入咸阳的最后关口，三秦大地就在眼前了。这时，秦军主将章邯已率二十余万秦军主力在殷墟投降项羽。

秦廷眼见就要毁于一旦。就在这一个月，赵高把胡亥除掉了。一个拥有权力而又没有监督的人，一旦用权利谋取私利就会越发狂热地追求权力。他对权力的欲望如滚雪球一般永不休止，赵高正是这样一个人。他在秦廷的权力斗争中相继除掉了蒙恬、蒙毅、李斯、冯去疾等大臣，诱使二世深居宫中，自己独揽大权，但他仍贪心不足，权力欲更加膨胀。

赵高威权日重，已像软禁一样把秦二世深锁宫中，不问外事。又担心朝臣有不满情绪，于是借口献马，入报秦二世。秦二世道:“丞相一定献的是好马，可以马上牵来。”赵高于是命从吏牵入。秦二世发现是一只鹿，而非马，便笑说道:“丞相说错了！这分明是只鹿。”赵高仍坚持是马，秦二世不信，故问左右，左右都默不作声。几个胆大的侍臣在秦二世的诘问下承认这是只鹿。秦二世哈哈大笑说:“我说呢，分明是鹿，怎么会是马？丞相花了眼，朕可是看得清清楚楚的呢!”

赵高面有愠色，什么也没说，掉头便走。过了几天，赵高诱骗那几位说是鹿的侍臣出宫，抓捕后借口“妖言惑主”立即斩首。胡亥对此居然不闻不问。从此以后，宫内的近侍和朝中的大臣，更加害怕赵高，对他唯命是从。赵高更是肆无忌惮，越发嚣张。赵高又献给秦二世一束蒲叶，声称是“肉脯”。甚至指青色为黑色，指黑色为黄色，整天在秦二世面前胡说八道，秦二世左右都随声附和，秦二世越加疑惑不解，便召太卜，令他问卜。太卜早已听从于赵高，便谎称:“陛下当祭祀天地、宗庙、鬼神之时，未尽洁净斋戒，所以会这样。如今只有修明斋戒，才能消除。”秦二世信以为真，便到僻静的上林中斋戒。

秦二世虽处斋宫，但一向纵情享乐，根本不可能认真斋戒，他在上林苑每日打猎行乐。一日，正在射猎之际，一个行人突然误闯进来，

被秦二世发现，亲手将他射死。秦二世平日杀人如麻，本不足为怪，不料被赵高得知，又生一计，密令其女婿咸阳县令阎乐，上奏说："不知是谁将人射死，又移尸上林之中。"既上此奏，秦二世自然说："是我杀了此人。"赵高于是有意进谏道："天子将无罪之人无故杀死，有悖于天命，天将降祸，应该暂时离开宫殿，去远处避灾。"

原来赵高一味迎合秦二世，经常说："关东群盗，不足为患。"不料自己身为丞相，世事日危。项羽既擒王离，章邯屡败，多次请求救援，又派司马欣来京，赵高担心被责问，从不上报。等到章邯被迫降楚，项羽更加增强了实力，关外群起而响应。沛公又已领军入关，赵高见火烧眉毛，无法继续隐瞒，唯恐秦二世见责，于是佯装卧病在家。沛公又私下派人要求赵高作为内应，赵高答应了。于是想办法让秦二世移居上林，后来又移居"望夷宫"。一则使之避不见人，便于蒙骗，并且远离自己，免受责罚；二则万一到最后关头，就出卖秦二世，以换取富贵。此调虎离山之计，可以应付紧急情况。

然而就在这时，刘邦率军攻陷武关，进军咸阳，一路上畅通无阻。刘邦要求赵高立刻投降。赵高虽然善于内部的争权夺利，却根本不懂内政、外交，调兵遣将、指挥战争更不用提。此时他急得像热锅上的蚂蚁。他平时一直声称关东群盗不足为惧，如今关东群盗就要兵临城下，军情无法再隐瞒。他很害怕秦二世得知实情，降罪于他，自己难保性命，只有装病，在相府终日宴饮，得过且过。

秦二世平日，事事依靠赵高，偏赵高连日不至，他感到惊慌失措，心烦意乱，噩梦缠身，模模糊糊地看到一只白虎，直奔过来，竟咬死他的坐骑，还要跳跃起来，秦二世从梦中惊醒，心仍狂跳不止。翌日起床，更加心慌，乃召太卜入宫解梦。太卜声称泾水作怪，须秦二世亲祭水神，方可消灾。秦二世信以为真，直赴泾水岸旁的望夷宫，斋戒三日，然后亲祭。秦二世既离开赵高，自有左右侍臣告知他天下大乱，且楚军已入武关。秦二世大惊，赶紧派人责问赵高，叫他立刻派兵平乱。秦二世昏庸，话说起来容易，赵高若有办法，也不至于如此了。秦二世这样做只能是促使赵高动杀心。赵高没什么本事，只善于钻营，夺取大权，根本不知如何调兵平乱，何况敌军逼近，大势已去，回天无术。赵高便企图出卖秦二世与楚军议和，以保全性命。立刻召入季弟赵成及女婿阎乐，私下商议。赵成为郎中令，阎乐为咸阳令，是赵高最亲密的心腹。赵高告诉二人："主上向来不知乱势，如今要降罪于我，我现在只有先下手为强，改立公子婴才能不致灭门。婴素得人心，也许能化险为夷。"成与乐唯唯听命。高又道："你二人里应外合，则大事可成！"阎乐听了，反而犹豫地说："宫中也有卫卒，怎样进去？"赵高答道："就说宫中有变，率兵捉贼，便可进宫。"阎乐与赵成奉命而去。赵高又怕阎乐改变主意，便派人拘禁阎乐之母作为人质。阎乐于是率千余吏卒，直抵望夷宫。

宫门里面，守着卫令仆射，忽然发现阎乐引兵前来，忙问何事。阎乐命人反绑住他两手，然后大声斥责："汝等难道不知宫中有贼吗？"卫令道："宫外驻扎卫队，严加防备，贼怎敢擅闯！"乐怒道："汝还要狡辩！"说着，便一刀将他斩首，随后长驱直入，令士卒射箭开道。内有侍卫郎官，及宦官仆役，纷纷仓皇而逃，几个卫士也都被斩杀。赵成又出来招呼阎乐，同入内殿，乐仍放箭恐吓，直到秦二世面前。秦二世大惊，忙命左右护驾，左右反而逃跑，秦二世吓得转身跑入卧室。回顾左右，只留下一个太监，急问道："汝为何不先告诉我，现在怎么办？"太监道："臣不敢言才能活到现在，不然早死了！"

话没说完，阎乐已经追进室内，对秦二世大声呵斥：“足下残暴不仁，天下皆反，何去何从，自行定夺！”秦二世道：“何人派汝而来？”阎乐回答说丞相。秦二世又道：“可否见见丞相？”阎乐连称不可。秦二世道：“丞相是想让我退位，我愿做一个郡王，不做皇帝，可好吗？”阎乐不许。秦二世又道：“那做个万户侯可好？”乐又不许。秦二世抽泣说：“愿丞相准我与妻子同为布衣。”乐怒道：“臣奉丞相命，为天下诛足下，足下无须多言。”说着，向前欲杀秦二世。秦二世自知性命不保，只好一狠心，拔剑自刎。在位总共三年，年二十三岁。

阎乐报知赵高，高得知秦二世已死，十分高兴，立刻进宫抢得传国玉玺，佩戴身上。赵高本想自己做皇帝，又担心天下不服，便欲立公子婴为帝，等到同楚军讲定和议，再作打算。于是召集一班朝臣及宗室公子，宣布：“秦二世不肯从谏，暴虐无道，人神共愤，已自刎而死。公子婴忠义仁厚，应该嗣立。唯我秦本一王国，自始皇统一天下，乃称皇帝，如今六国复兴，又陷于分裂，秦地不比以前，不应空沿帝号，应当仍旧称王。”大众心中都觉不满，但慑于淫威，勉强答应。赵高便令子婴斋戒，择日正式继位。另一面则收敛秦二世尸首，如草民一般草草下葬。可怜秦二世只做了三年皇帝，不得善终，也是咎由自取。

公子婴虽被推立，心想赵高杀君，大逆不道，如果不除掉他，将来一定会篡位。旁顾大臣公子，都不可信，只有膝下二子，可以相告，于是召入对他们说：“赵高敢弑秦二世，当然不会怕我！只是尚未部署妥当，暂借我做个傀儡，终会废我篡位。我不先杀赵高，定被他所杀。”二子听着，不禁落泪。这时一个人突然踉跄地走进来说：“可恨丞相赵高，派人去楚营求和，将要大杀宗室，自称为王，与楚军平分关中了。”这人正是子婴心腹太监韩谈，可与之商议，于是低声嘱咐道:“我知道他居心叵测，今使我斋戒数日，祭祀祖先，分明是企图在庙中除掉我，我应该称病以避祸。”韩谈答道:“公子只说有病，恐怕还不行。”子婴道:“我若不去告庙，高必亲自前来，汝可与我二子，在两旁埋伏，等高进来，伺机杀死他，则可无患了。”谈欣然领命，与子婴二子做好准备，只等赵高送上门来。

赵高派人到沛公营，打算与沛公平分关中，偏沛公拒不答应，叱还高使。高奸计不能得逞，又担心人心益散，急于让子婴继位，以安定局势，因此定了日期，派人告知子婴，子婴并不推辞。到了这一天，赵高先至庙中，很久仍不见子婴。多次派人催促，回称公子因病不能前来。赵高愤然道:“今天是什么日子，怎么能不来？我当亲自前往。”说毕，立刻赶至斋宫。下马入门，遥见子婴睡在案上，便大声呼道:“公子今已为王，应该即刻入庙告祖!”话没说完，杀出三个人，持刀大声呵斥。赵高还没反应过来，已一命呜呼。子婴见已除掉赵高，立刻召集群臣入宫，指示高尸，历数罪恶。群臣都称子婴英明，并说赵高死有余辜，应株三族。子婴表示赞同，便派兵捉拿赵高家属，包括赵成、阎乐，全部处死，随后往告祖庙，继承王位，派兵镇守关中。

约法三章

刘邦大军击破蓝田关后进兵灞上（今陕西省西安市东），与张良、萧何等人商议，决定先礼后兵，给秦王子婴送去一封劝降书。子婴看到刘邦兵临城下，朝中官员也纷纷逃亡，自知已山穷水尽，回天无力，只得答应投降。

秦王子婴只当了 46 天秦王，就坐在用白马拉着的一辆白色丧车上，用绳索套住自己的脖颈，代表有近千年历史的嬴秦氏族服罪、忏悔。这是一幅多么悲惨的景象，好端端的一个大秦王朝，几年之间就灭亡在赵高、胡亥等人手里。

子婴投降了，成了刘邦的俘虏。刘邦说："怀王命我入秦，就是因为我宽容大度，不滥杀无辜。且子婴已降，杀他有失仁义。"

刘邦的大军开进了咸阳城。将士打开府库，分金取银；萧何带人进入丞相府中，把秦朝的有关档案资料运到军营里；刘邦走进秦王宫中，但见雕梁画栋，精细无比。

刘邦和那些抢钱拿物的将士们，自然不会有人称道，唯有萧何抢书，倒是得到后人好评。萧何就是凭借这些抢来的资料，掌握了秦朝的法律制度、关口要塞、全国户口、各地经济等情况，为后来刘邦战胜项羽、建立汉朝，立下了汗马功劳。因此李贽在《史纲评要》中称萧何是宰相之才。

刘邦经过张良的劝阻还军灞上，自然是一件明智之举，翦伯赞在《秦汉史》中说："咸阳城里，烧杀淫掠，已经闹得不成世界，张良觉得不大妥当，才劝刘邦还军灞上。"

刘邦走出了秦宫，回军灞上，才清醒过来，自己虽然拿到了"王关中"的执照，但离"揭牌开业"还远着呢。后来的事实证明，这张执照缺乏应有的实力支持。既然准备"开业"，得有所表示，于是刘邦回到灞上之后，发表了一篇讲话，《史记·高祖本纪》载：

"召诸县父老、豪杰曰：父老苦秦苛法久矣，诽谤者族，偶语者弃市。吾与诸侯约，先入关者王之，吾当王关中。与父老约法三章耳：杀人者死，伤人及盗抵罪。余悉除去秦法。诸吏人皆案堵如故。凡吾所以来，为父老除害，非有所侵暴，无恐！且吾所以还军灞上，待诸侯至而定约束耳。"

这就是中国历史上著名的"约法三章"，这是刘邦的政治宣言书，也是刘邦笼络秦民的利器。

"约法三章"真要执行起来并不容易。

从本质上说，"约法三章"只是一个政治口号，并不是真的只有这样一句话，如果过度追究，把它当真，难免拘泥。何况，古人也常常以"三"这个虚数表示多的意思，也不见得这里就表示一个实数。

刘邦的这一篇政治宣言书，是给父老、豪杰的一颗定心丸，拉拢了秦朝的劳苦大众。

和平"解放"咸阳之后，刘邦并不轻松，要当"关中王"不是这

么容易的，他还面临着许多难题，归纳起来有以下几方面。

第一，秦王子婴杀不杀，秦朝的官吏如何处置。如果子婴负隅顽抗，处死他名正言顺；如果投降的不是子婴，而是秦二世胡亥，处死他顺理成章。可是偏偏这位主动投降的子婴在秦人心目中印象不错，不久前又设计杀死了人见人恨的赵高。但不处死他，诸将不服气。可是刘邦几句话，把诸将给挡了回去。

其实，杀不杀子婴，以刘邦这样的性格，真是无所谓，但是，秦朝的那一大批官吏如何管束？秦国的那些百姓谁去号令？留下子婴，就抓住了问题的关键。所以刘邦的那大段关于不杀子婴的话，不过是用来搪塞众人的一个借口而已。这件事情被他轻轻一拨，处理得天衣无缝。

第二，秦国的财产如何处理。刘邦对此也是手足无措，他自己也想住到秦宫里去享受享受，所以，他让大家抢劫一番，自己也赖着不想出来。最后，他听从张良等人劝说，驻军灞上，把这些秦国的宫室、财宝交给子婴这帮人去管理。其实能够拿得动的东西，早已被他的部下拿走了，如果将来有人追究，他还可以一问三不知，他的算盘倒打得颇精。

第三，如何对待秦国的严法苛刑。秦国法网密布，是套在百姓头上的沉重枷锁。刘邦出身于一个农民家庭，他深知最下层百姓所受的灾难。继续执行秦法，无疑对百姓不利；全部废除秦法，无法无天，百姓不好驾驭，于是他“约法三章”，简明扼要，像歌谣一样好记。这“约法三章”，只能是个临时的规矩，但其影响不可低估。

无论是对待是否杀子婴的问题，还是秦国财产法令的问题，刘邦始终围绕着一个核心，就是人心的向背。能够笼络人心的，能够有利于他当关中王的，他就尽力去做，克制自己的欲望。最为集中的表现，自然是“约法三章”。

“约法三章”无疑是刘邦进军关中以来收拢民心的集中体现，其核心自然是当“关中王”。因此，刘邦在进军途中，严令士兵不得扰民，还与父老“约法三章”，采取了一系列的措施，收到了很好的政治效果。

鸿门惊魂

打天下除了战场上的生死搏杀之外，更重要的是更加险恶的“政治斗争”。刘邦被誉为“厚黑祖师”，天生的政治斗争的高手；项羽是“西楚霸王”，历史上最有名的战神。两雄相争，刘邦是屡败屡战，越败越强；项羽则是屡胜屡战，越胜越弱，这是双方政治路线决定的。

正当项羽坑杀20万降卒之际，刘邦听人劝说，派兵把守关隘。《史记》等书只记载是“小人”叫刘邦这样干的，而野史则说这人是樊哙。樊哙在于张良的指使下，说服刘邦还军灞上，继而企图征服天下，自己也想弄个将军、元帅当当；进而劝谏刘邦说：“秦国之富裕是天下十倍，地势形胜，足以为王。如今项羽收降章邯，封为雍王，现在率兵西进，已到关外，他的意图就是企图违背怀王约定，一定是想占领关中，如果不早点想办法，项羽大兵就要来了。”

刘邦说："项羽如果率兵前来，我就不能当关中王了！怎么办呢？"

樊哙说："立即派遣兵将把守函谷关，不准诸侯大兵入关，再征集关中之兵固守，这样大概就行了。"

刘邦认为樊哙之计可行，即派人带兵拒夺函谷关，不准诸侯大兵出入。

秦地西面是陇关，东面是函谷关，南面有武关，北面有临晋关，西南面有散关。秦国之地就在这个范围之内，所以叫关中，被称为"四固之国"，进可以攻，退可以守。刘邦是从南面的武关入关，而项羽这次进军关中则是自东面的函谷关而来。

项羽大兵来到函谷关下，只见关门紧闭。听说刘邦已经平定关中，项羽心中一时火起，自己浴血奋战，却让刘邦立下头功，下令英布率兵打关。英布骁勇，兵强力壮，不日函谷关即破。项羽带领大军进入关中，驻军在戏下（今陕西省临潼附近）。

项羽破关而来，很显然是与刘邦争王关中。假设刘邦不听樊哙、张良之劝，在秦王宫中享乐，作为关中之王，那将出现何种局面？即使这样，项羽也是怒火中烧，只要有一个小小的借口，他就会大动干戈，铲除刘邦，取得独霸的地位。

正巧这时，刘邦部下左司马曹无伤暗遣使者密告项羽说："沛公准备为关中之王，叫秦子婴为相，独吞秦国所有的金银珠宝，并且派兵守关，不准诸侯大兵入内。"

左司马这一官位虽然不高，但是主管军事机密，所以知道刘邦的具体部署。曹无伤的这一密报，令项羽勃然大怒。

谋士范增忙在一旁煽风点火，说："刘邦在山东老家时，贪财好色，乡间之人都很讨厌他。如今进入关中，不取财物，不纳美女，还与秦地百姓约法三章，我看他的志向在于夺取天下。我夜观天象，刘邦之气，皆成龙虎，五彩缤纷，这是天子之气。将军必须尽快出兵攻打，免其成气候，否则后果严重。”

范增的话自然是火上加油，特别是用天象之说打动项羽。现在看来，这种说法毫无根据，但是在那个年代，人们总是坚信不疑。

项羽听了范增的话，立即下令：“明日犒赏三军，攻打刘邦，为我消这口怨气。”各路将领听到命令，自去准备。

项羽军中有一个人物，叫作项伯，是项羽叔辈，与张良有深交。他曾经杀过人，得到了张良的很大帮助，才逃得了性命。

项伯一听这个命令，心中自然想起了张良，反复思考：张良现在刘邦军中，如今两军交战，必然玉石俱焚。如果差人密报，唯恐于事不济。

项伯思来想去，决定亲自去走一遭。

当时项羽共有兵卒 40 万，号称 100 万，驻扎于新丰鸿门，刘邦兵卒只有 10 万，号称 20 万，驻扎于灞上。两地的距离走大路 40 里，小路只有 20 里。

夜幕降临，项伯独自骑上一匹快马，借故走出军营，连抽两鞭，向灞上飞奔而去。20 里路，快马奔走，不到半个时辰已到灞上，却被刘邦副将夏侯婴拦住去路。

夏侯婴问：“你夜半三更，匹马而行，又无从人，来此何干?”

项伯说：“我是张子房好友，有急事相见。”

夏侯婴带着项伯去见张良。夏侯婴先差把门小校传报守门官，守门官传报中军左哨，而后夜巡击柝三声，中军左哨小角门半开，一名

健将高声喝问："有甚军情？"

项伯看到旗帜排列，营垒整洁，队伍井然有序，心中寻思：刘邦的确非同小可！范增曾说他将来必然大富大贵，看他军营布置，此言不虚。

夏侯婴忙上前回答："我寻哨遇一男子，不知姓名，自称子房旧友，匹马只身，未带兵器，不敢擅入，专候台旨。"

那名健将又进去报告。

张良正与刘邦在内屋议事，忽听报告："子房先生故友在外，急欲求见！"

张良急出一看，见是项伯，急忙邀入中军外屋，命士卒献茶。

项伯令张良摒去士卒，立即将项羽明日准备攻打刘邦之事告知，带着张良就要起身，说："不跟着我走，恐怕玉石俱焚。"

张良留住项伯说："沛公从韩王那里借我随军作为谋士，而今沛公遇到如此紧急之事，一走了之，太无情义，我应该先去告诉沛公。"

张良急入内室告诉刘邦。

刘邦大惊失色，忙说："这到底该怎么对付呢？"

张良问："谁给沛公出此下计？"

刘邦不肯说出樊哙，随口说："有小人对我说'派兵守关，不纳诸侯，秦国故地可以称王而治'。所以，我听了。"

张良说："沛公细想，你的兵马能够抵御项王的兵马吗？"

刘邦默然，说："本来就远远不如！这事到底应该如何办呢？"

张良说："沛公和我一起去见项伯，请项伯转呈项王说你不敢背叛。"

刘邦说："先生怎么与项伯有如此深厚的交情？"

“我在浙江的时候，项伯杀人，我想方设法救活了他，所以今天遇到此等急事，他特地来告诉我！”

“他与你哪一个年长？”

“项伯比我年长。”

刘邦说：“先生替我请他进来，我以兄长之礼去接待他。”

张良又嘱刘邦如此如此，刘邦立即心领神会。

张良出见项伯，说：“请兄见沛公一面，沛公有苦衷欲告。”

项伯说：“我这次来此，专为子房您，何必又见沛公？”

张良说：“沛公是一位忠厚长者，不可不见一面。”再三恳请。

项伯同张子房入见刘邦。刘邦整衣迎接，延之上坐，项伯述说项羽嗔怪之意。刘邦置酒款待，祝酒为寿，约为婚姻，彼此猜疑之意渐消。

刘邦经过一番感情酝酿，才说：“我自从入关以来，秋毫不敢有所犯，登记百姓户籍，封库锁仓，日夜盼望项将军到来。我之所以派遣将领据守关隘，是为了防备秦国余党和其他盗贼，专候将军入关，哪里说得上反呢？希望您把我的这些苦衷告诉项将军，说我刘邦不敢忘记他的大恩大德。”

项伯答应，准备辞去，嘱刘邦说：“明日早来鸿门拜见项将军，消释前嫌。沛公所言，我定替转告，料想项将军不会怪罪。”

张良叫夏侯婴派军卒送项伯回新丰鸿门。

项伯回到军中，立即去见项羽。

项羽问：“叔父深夜到来，有何要事？”

项伯说：“我有故友，本是韩国公子。当年我杀人之后，全仗他得以活命。如今刘邦从韩王那里借他为随军谋士，恐怕两家交兵，此

人难保活命。所以刚去同他说说，叫他回避，顺便了解刘邦入关之情。张良对我说，刘邦先入关中，并无毫厘他意，遣将守关，只是为了防备秦国余党而已，不是为了拒楚。一应宝物、美女、粮食，尽都封锁不敢擅动，秦王子婴也不敢擅自处置，就是为了专等你的到来。我想，如果不是刘邦率先入关，我们又怎么能够兵不血刃，轻易入关呢？这是刘邦的大功。如今他有大功，而你听信小人之言，反要加害，恐怕于理不顺。他明日要亲来军中谢罪，将军可以从容相待，这样才不失天下大义。”

项羽说：“依照叔父之言，刘邦好像没有大罪。如果兴师动众，恐被诸侯耻笑。”

范增说：“我劝将军消灭刘邦，是因为刘邦入关以来，约法三章，企图收买民心，他的志向是要夺取天下。如果不趁早剿除，恐生后患。老将军被张良说词欺瞒，不可全信。望将军思之。”

项伯说：“先生要杀刘邦，还怕没有妙计？何必采取军事行动，遭到天下诸侯咒骂！”

项羽说：“叔父言之有理，先生再当定计。”

范增说：“我有三计，可杀刘邦，望将军取舍。”

项羽说：“愿闻其详。”

范增回答：“第一计：派人请刘邦到鸿门赴宴，未入席时，将军就责问他入关之罪，他不能回答，立即斩首，这是上计；第二计：如果将军不便自己动手，可以埋伏二百名刀斧手，刘邦入席以后，我举所佩玉玦为号，项王唤出伏兵杀之，这是中计；如果二计不成，可派一人斟酒，把刘邦灌醉，刘邦是个酒徒，酒后必然失礼，趁机杀之，此为下计。如果项王依此三计，刘邦必死无疑。”

项羽说："三条计策都用，我看刘邦如何逃过杀身之祸。"

项羽传令大小将校，都做好充分准备，专候刘邦自投罗网。

再说项伯走后，刘邦急召张良、郦食其、陆贾、萧何等人计议。

刘邦说："明天去项羽军中之事，的确生死难料。不去，项羽派兵攻打，势难抵敌；如去，又怕进入陷阱，恐怕难保性命。诸位认为该如何是好？"

萧何说："项羽兵多将广，难以抗衡，不如修书一封，派一个能言善辩之人，将关中所有财物全部送给项羽，只求一郡，再修整兵戎，等候时机。"

郦食其说："我愿下书，游说项羽。"

陆贾也表示愿随郦食其同行。

张良说："诸公之言，恐非上策。昔日伍子胥保护平王赴临潼，会见诸侯，受到天下人尊敬。蔺相如使秦，最后完璧归赵，天下人称赞不已。目前虽然实力无法相比项羽，但是也不能害怕到如此地步，这样在天下诸侯的面前就失了威信。我虽然不才，愿随沛公去赴明日之会，定使范增无法用其谋，项羽无法施其勇，保证无事而回。他日若为天下之王，也可名正言顺。"

刘邦说："全仗先生神机妙算，看来只好亲自到虎穴里去走一遭了。"

第二天早晨，刘邦带着张良、樊哙、纪信、夏侯婴等人和百余轻骑，一路惶恐不安地前往鸿门。

不时，刘邦又把张良叫到面前说："我对今天此行十分忧虑，唯恐不测。先生何以处之？"

张良说："沛公放心，我自有办法。沛公尽管记住昨日应答之语，

照此回答，自然平安无事。”

距离鸿门尚有五里之遥，早见一支军马前来。为首将领英布大呼：“我奉鲁公之命，迎接沛公。”

双方下马施礼，继续前进。刘邦、张良等人一起到军营大门，陈平出门迎接，立在道旁。刘邦正准备进去，只见军中甲士林立，金鼓大作。

沛公不敢前行，对张良说：“鲁公营内，戒备森严，全无平日气氛，不可入内。”

张良胸有成竹地说：“沛公既然到此，进则有理，退则无路。退后一步，必然中计。沛公暂且稍候片刻，让我先进去看看。”

张良缓步徐行，丁公、雍齿两将把守军门，不放张良入内。

张良说：“请报告鲁公，有沛公借士张良求见。”

丁公进入军中见项羽说：“门外有沛公借士张良求见。”

项羽说：“什么叫借士?”

范增说：“张良是韩国人，五代为韩国臣下，见多识广。如今跟着沛公为谋士，这人此来必是游说。鲁公先杀此人，如去沛公一臂。”

项伯听说此言，急忙说：“不能如此！鲁公刚进入关内，正要收买人心，人才云集，才能成为霸主。为何无故杀害贤人？张良与我关系甚厚，如果鲁公喜爱，我可以劝说。”

项羽吩咐丁公召见张良。

张良来到军中，看到项羽全身披挂，如临大敌，手握剑把，似乎随时都会一跃而起。张良认为，首先应该叫项羽去掉这些武勇，解除这些装备。

张良说：“我曾经听说古代明君治理天下，耀德不扬兵；善于治理天下的圣人，重德不用兵。如今鲁公在鸿门接见诸侯将领，这的确是一件义举。我原来以为，这里一定丝竹管弦、笑语欢声、猜拳行令、尽醉而归。未料想我来到这里，甲兵林立、刀剑森森、金鼓震天、杀气腾腾。这种情境，令人不寒而栗，人各思归。鲁公巨鹿破釜沉舟，九战章邯，勇冠三军，天下闻名。哪个不知道？哪个不害怕？鲁公不用示强而自强，不用称勇而自勇，哪里用得着这样大张声势来显示鲁公之威？各路诸侯都在外面，看到鲁公全无宾主之礼，恐不敢前进。借士张良冒死入营，特请鲁公三思。”

张良古今齐说，褒贬共用，把项羽说得无言以对。

项羽认为张良言之有理，令甲士尽皆退去，金鼓停，武器去，更换官服，请各位宾客进营，并下令各位将领只准带文臣或武将一名，作为侍候答应。

张良出外，跟着刘邦重新进营。

刘邦不敢以往日兄弟相称，急忙趋步阶下，鞠躬再拜，说：“刘邦谨候鲁公麾下！”

项羽厉声问曰：“你有三罪，知道吗？”

刘邦说：“我只不过沛县治下一个亭长，偶尔之间被众人推为首领，率兵伐秦，幸而投到鲁公麾下，凡是有所进取，全靠鲁公指挥，哪里胆敢妄为？”

项羽说：“你招降秦王子婴，又将他释放，只知道自行其是，而不知楚怀王之命，这是第一罪；你为了收买人心，私改秦法，这是第二罪；遣将守关，阻止诸侯之兵，这是第三罪。你犯有如此罪过，怎么还说不知，还要我来提醒你？”

刘邦再三叩首，说：“容我一言，说明心曲。秦王子婴，心悸投

降，如果我擅自将其杀死，是自作主张；而今暂令官吏看管，专等鲁公发落，不敢释放。秦法苛刻，多年危害天下人民，百姓如处水深火热之中，日日盼望着被拯救，秦法多存一日，百姓受罪一日；我急于更改秦法，正是为了宣扬鲁公之德，百姓都说：‘前部入关者就能抚爱百姓，而主帅到来，更能抚爱百姓！’派兵把守关口，不是为了阻挡诸侯，更不敢阻挡鲁公，只是为防备秦国余党，不可不防也。我刘邦实在是无意中进入关中，今天与鲁公相会于此，实乃刘邦大幸。如今有小人造谣生事，令鲁公与刘邦有隙！”

项羽个性刚直，一生最怕弱者，最喜奉承，最恨强者，所以听了刘邦的一席话，全无杀戮刘邦之心，信口说：“不是我要责怪你，只因你帐下曹无伤这样说，所以知道你有此三罪，否则怎么会到此地步。”走下座位，亲扶刘邦入座，命设酒招待。

项羽、项伯坐在西面主席；范增坐在南面是陪席；刘邦坐在北面为客席；张良作为一位侍者站在刘邦一侧东向。大家一面饮酒，一面说些闲话。

范增见第一计不成，发觉项羽全无杀害刘邦之意，埋伏的二百武士自然更不敢动，于是按照预先的约定，把所佩玉玦向项羽示意多次，项羽见刘邦谦逊柔和，对自己毕恭毕敬，便不听范增的再三提示，默然不应。范增见到第二计又失败，不得不采用下策。范增叫陈平斟酒，以目示意，陈平自然会意。

陈平向前劝酒。他细看沛公，高鼻龙相，相貌大贵，心下寻思：沛公非常人也，他日定有大贵，若顺从范增意图，恐怕背逆天意。

陈平斟酒，倒人项羽杯中多，倒人刘邦杯中少。刘邦也会其意，虽然有些酒意，全然不失些许小礼。

范增见到三策都已失败，心中自叹："今日不杀刘邦，他日必成大患。"

范增一计不成又生一计，避席而出，准备去寻找一个武将借舞剑之机杀死刘邦。范增出门，正好看到楚将项庄，他是项羽族人。

范增把项庄叫到人少之处，附耳低声对项庄说："鲁公为人性刚但心不忍。今日的鸿门宴，专门就是为了诛杀刘邦而设，但是我举佩玦再三，鲁公全不理睬。如果今天放走了刘邦，将来绝无如此良机。你可进入席前，请求舞剑为乐，乘机杀死刘邦。否则，将来我们大家都会成为刘邦的俘虏。"

项庄待范增入座之后，大步走到项羽、刘邦席前，叩礼说："军中之乐不足观，我请求舞剑，给鲁公助酒。"

项羽随口说："好吧！"

项庄拔剑起舞，其意常在沛公。张良见项庄企图借舞剑击杀沛公，急忙用眼神示意项伯。

项伯知张良之意，出席拔剑说："舞剑须对舞才好看，剑锋交错，夺目争辉，足可如诸位之意。"

项羽也随口说声好。

项伯仗剑，与项庄对舞，用身子像羽翼一样护住刘邦，项庄无法击杀刘邦。

范增深恨项伯。

张良看到情况危急，忙出席欲去军门唤樊哙。

丁公、雍齿拦住张良："先生欲往何处？"

张良说："欲出取玉玺。"

陈平跟在后面，已知其意，便高声说："鲁公性急，快放子房先

生出去!”

丁公等人只得放行。

张良急忙找到樊哙说：“如今项庄舞剑，其意在于击杀沛公。事情很急，将军快去救沛公，奋不顾身，勇不惜命。”又细嘱需如此如此。

樊哙开步欲行，张良忙说：“等我进去之后，你再闯进营去。”

樊哙见张良已进军中，忙来到门口大呼：“鸿门大宴，我为随从，怎么无分？我要见鲁公讨些酒饭充饥!”樊哙带剑拥盾而入。

丁公等人见了樊哙进来，企图阻挡，但是怎抵樊哙神力，推倒守门众兵士，直入军中，披帷而立，头发上指，目眦尽裂。项羽忙问：“壮士何人?”

张良答：“沛公骖乘樊哙!”

项羽又问：“来此何干?”

樊哙说：“听说鲁公举行灭秦盛宴，无论大小，都有酒食，但是我从早到午，尚未用餐。腹中饥渴，实在难忍，特来告求鲁公赐饮。”

项羽命左右赐酒一大杯，樊哙一饮而尽，项羽又命人赐一猪腿，樊哙用剑切而食之。

项羽说：“壮士，能够再喝酒吗?”

樊哙说：“我死都不惧，一杯酒何足道哉?”

项羽说：“你准备为谁死呢?”

樊哙说：“秦王有虎狼之心，杀人恐怕不多，刑人唯恐不够，因此天下百姓尽皆反叛。怀王与诸将约定‘先破秦入咸阳者王之’。如今沛公攻破秦国进入咸阳，秋毫无犯，封闭宫室，还军灞上，专候鲁公到来，派将守关，防备盗贼。沛公劳苦功高如此，未得封官委爵之赏，反而听信小人之言，要诛杀有功之人，这难道不是亡秦之续吗？我相信鲁公不会这样吧？而今二将舞剑，其意常在沛公。我欲为沛公申此不平，死且不避。”

樊哙慷慨陈词，掷地有声，项羽听了也为之一震，一时间无言以对，只有挥手说：“坐。”樊哙便坐在张良的旁边。

须臾，刘邦见项羽已醉，推说上厕所，招樊哙一起出去。丁公和雍齿拦住不放。

张良急忙说：“鲁公传令，诸侯将校不胜酒力，下旨放出。”

陈平也从后面出来，急呼：“放沛公出去！”

沛公出到军营门外，说：“如今出来，还没有向鲁公告辞，怎么办呢？”

樊哙说：“大行不顾细谨，大礼不辞小让。如今人为刀俎，我为鱼肉，有什么可辞的呢？”

刘邦令张良留下来致歉。

张良说：“沛公带有什么东西作为礼品？”

刘邦说：“我带来白璧一双，准备献给鲁公；玉斗一对，准备献给亚父范增。但是他们正在发怒，不敢当面奉献，烦请先生替我奉献。”

张良答应了。

刘邦带着樊哙、夏侯婴、纪信等人，从骊山脚下小道逃回灞上去了。刘邦走后，张良估计刘邦已到军中，才进入见项羽，致歉说：“沛公不胜酒力，不能面辞，特叫我奉白璧一双，再拜献给鲁公；玉斗一对，再拜献给大将军足下。”

项羽说：“沛公现在在哪里？”

张良说："听说鲁公有意责过，已经脱身而去，从小路回到军中去了。"

项羽没说什么，把双璧放在座位上。

范增接过玉斗，掷之地上，拔剑而破之，说："唉！竖子不足与谋。夺天下者，一定是沛公……"

刘邦回到军中，立即派人抓来曹无伤，大骂一通，就地斩首。项羽的一句话，葬送了他在汉营中的一个眼线。

回顾这一宴，的确让人感到动魄惊心。

刘邦因功获罪，张良一而再，再而三叫他撤退，最后逃席而去。刘邦善于纳人之言，奠定了将来的帝王之位；项羽推行霸权主义，一误再误，放走了他最大最危险的敌人；范增一计不成二计，二计不成三计，最后由于项羽沽名钓誉，弄到黔驴技穷……

沛公回到营中，召来左司马曹无伤，责他叛变。无伤无法反驳，沉默不语，当即被沛公斩首示众。待张良等返回，沛公感慨万千，姑且再驻扎灞上，从长计议。

西楚霸王

分封完所有的将领，处理了旧时六国王族的事情以后，项羽自封为西楚霸王，统治楚国和魏国东面的九个郡，以彭城为都。至此，项羽的事业达到了一生中的顶峰，各国诸侯都对他俯首称臣。

火烧阿房宫

鸿门宴结束几天后，项羽为了表示自己才是真正推翻秦国的人，就带兵进入了咸阳。进入咸阳以后，项羽想起了自己的爷爷项燕和叔叔项梁。都被秦国的军队所杀，他要为爷爷和叔叔报仇！尽管秦王子婴已经向刘邦投降了，秦国的军队也已经解除了武装，但是看到咸阳城的奢华，又想到自己多年艰苦的军旅生涯，项羽怒火中烧，他大怒着命令士兵们屠城。

士兵们跟着项羽南征北战，尝尽了苦楚，如今到了繁华的咸阳，看见无数的珍宝，心中大动。他们见项羽下令屠城，一个个就像下山的猛虎一般，见人就杀，见东西就抢，搬不动的就全部砸毁、烧毁。

项羽带着一小队士兵冲进了秦王宫。他把子婴抓出来，一剑砍掉了他的脑袋。士兵们在王宫中大肆抢劫起来。抢完了，项羽下令放火烧掉辉煌的阿房宫。士兵们拿着火把到处点火，大火瞬间就烧了起来。

很快，咸阳城中除了项羽的士兵，已经没有一个活人了。大火从阿房宫蔓延开来，把整个宫殿群都点着了，一直烧了三个月才熄灭。

放火烧阿房宫之前，项羽的士兵已经把咸阳劫掠一空。他们带着抢劫来的财富和妇女，准备回到东方去。这时候有一个书生向项羽进谏道："关中之地四面都有山河阻拦，易守难攻，而且土地肥沃，十

分富饶。如果在这个地方定都，出征四方，很快就可以称霸天下。”

项羽看着眼前的一片废墟，心里五味杂陈。如果这个书生早点和他说这番话，项羽或许还可以采纳。但是现在整个咸阳已经残破不堪了，怎么能做都城呢？而且项羽本来就没有在关中称王、称霸天下的想法。从在吴中起兵反秦以来，他时时想念着江南的莺飞草长和小桥流水，他盼望着再见到吴中的父老乡亲。现在他已经带着江东子弟推翻了秦朝的暴力统治，江东父老会怎样欢迎自己呢？

项羽的心中充满了对江南的怀念。他想，现在起程回到吴中也应该是春天了。在江南繁花似锦的春天里，江东的乡亲们一定会扶老携幼，排着长长的队伍来迎接自己。自己则骑在高大的骏马上，带着士兵们接受父老乡亲的欢呼。父老乡亲会对自己说些什么话呢？他们会说：“你是我们的英雄！”

想到这些，项羽有些陶醉了。他对那个书生说：“如今我已经推翻了秦国的暴力统治，大富大贵起来，富贵了不回到自己的故乡，就像穿着华丽的衣服在夜里行走，有谁会知道呢？”

书生见项羽并没有称霸天下的想法，而是要到故乡去炫耀自己的成功，就在背地里说：“有人说楚国人就像是猴学着人戴帽子一样，不管如何，都还是猴子，成不了大事。现在看来，这句话确实有道理！”

书生的这些话很快就传到了项羽的耳朵里。项羽大怒道：“这个混蛋竟然敢骂我！骂我也就算了，还敢侮辱我的父老乡亲们！”说着，项羽就派人去把那个书生抓来了。看到书生，想着书生侮辱楚国父老的话，项羽再次大怒起来。他命令士兵架起了一口很大的锅，在锅里装满了水，把书生丢在锅里，然后在下面烧火。火越烧越大，锅里的

水也越来越热。开始的时候，书生还不时地挣扎一下。渐渐地，书生一动也不动了，竟被活活地煮死了！

项羽杀了子婴，烧毁了阿房宫，宣告了秦国的彻底覆灭。之后就带着士兵们往东进发，准备回到江东去了。

西楚霸王

在出发之前，项羽派使者去问楚怀王如何分封天下。楚怀王说了两个字："如约。"他的意思是维持现状，旧时的六国王族依然在原来的土地上称王，先进入咸阳的刘邦则为汉中王。项羽从使者那里听到楚怀王的回答大怒。

当时中国的领土已经非常广大了，北起长城，南到南海，应该怎样分天下的土地，旧时六国的贵族和项羽等反秦将领们的意见产生了很大的分歧。旧时六国的贵族们认为，秦国是吞并了六国的土地才统一了天下开始称帝的。现在既然已经推翻了秦朝的统治，那么就应该恢复到秦国统一六国之前的战国时代，原来的六国王族仍在自己的土地上称王。

但是原来的六国王族在推翻秦朝暴力统治的过程中并没有起到多大的作用。各地反秦的将领们觉得这样处理十分不公平。因为当时的六国王族中，赵王歇、燕王韩广、楚怀王心都是有名无实的傀儡。魏王豹虽然在努力地收复魏国的失地，但是并没有取得多大的成就。齐王田市和丞相田荣几乎就没有参加反抗秦国的战争，项梁之所以会战死定陶，也跟他们不愿出兵相助有很大的关系，所以项羽对齐国的成见也最大。旧时六国的王族中，只有韩王成在张良的辅佐和刘邦的帮助下，收复了一些失地，还有一些实力。

而各地的反秦将领们在反抗秦国暴力统治的三年当中，带领军队，置生死于度外，南征北战，很多人还因此付出了生命，陈胜、项梁就是为了推翻秦朝的统治牺牲的。现在旧时六国的王族毫无战功，居然要坐享其成，窃取将领们用血换来的土地，将领们肯定不会同意了。

项羽身为各地反秦将领的上将军，更加不会同意这些贵族们窃取自己部下的战果。而且，项羽对楚怀王一直怀恨在心。因为当时楚怀王派刘邦带领军队西进反秦，却派自己到河北救赵，以致耽误了自己的行期，让刘邦率先进入了关中。

项羽马上召集了将领们商议对策，他对将领们说："三年前，我们起兵反秦，当时为了号召天下的百姓，所以拥立了六国的王族。现在我们已经胜利了，秦国的暴力统治被推翻了，但是六国的王族并没有战功，凭什么坐享其成呢？三年来，各位将领和我项羽披坚执锐，南征北战，历经无数艰辛，才推翻秦朝的统治，平定了天下。这完全是各位将领和我项羽的功劳，现在我要封各位将领为王。不过，楚怀王虽然没有战功，但他毕竟是楚国王族的后裔，理论上应该分一些土地给他，让他继续做王。你们觉得怎么样呢？"

各地将领们见到项羽说出了各自的想法，他们纷纷回答道："这样很好，我们一切听从大王的安排。"

公元前 206 年正月，项羽改称楚怀王为义帝，开始分封他的部下

们。这个时候，最令项羽和范增头疼的事情就是如何处理刘邦的事情。理论上说刘邦率先进入了关中，应该封他为关中王。但是项羽和范增担心刘邦拥有了关中以后会逐渐壮大，并挥师东进，称霸天下。如果不封刘邦为王，项羽就会失去信誉，那么以后各地反秦的将领们就不会再听从他的号令了。况且，刘邦已经在鸿门把事情向项羽解释清楚了，不管他是不是真心，各地反秦将领都会以为刘邦没有错。

项羽考虑了很久也没有找到解决的办法。晚上，范增来找项羽，他对项羽说："巴、蜀(今四川和重庆等地)两地路险，进出不便，以前秦国把犯了罪的人流放在那里。"

项羽恍然大悟道："对啊，巴、蜀也是关中啊！"于是，项羽封刘邦为汉王，称王巴、蜀以及汉中（今陕西省汉中市），以南郑（今陕西省南郑县）为都城。项羽这样做是因为巴、蜀之地四面环山，出入极为不便，以为这样就可以限制刘邦的发展了。

尽管如此，项羽还是不放心，他又把关中分为三份，把那里封给了秦国的三个降将。项羽封章邯为雍王，领土有咸阳以西的广大地区，以废丘（今陕西省兴平县东）为都城；封长史欣为塞王，领土有咸阳以东到黄河的广大地区，以栎阳(今陕西省临潼县北)为都城；封董翳为翟王，领土有上郡（大致位于今陕西省延安一带），以高奴（说法不一，大致是今陕西省延安市）为都城。项羽这样安排的原因有两点：一是秦国的三位降将可以牢牢把守关中，守住刘邦的唯一出路；二是长史欣曾经有恩于项梁，董翳曾劝章邯投降项羽，都算是项羽的恩人。

项羽处理完了刘邦的事情，总算松了一口气。他又陆续分封了自己的部下，处理旧时六国贵族的问题。

项羽把魏王豹改封为西魏王，统治河东地区（大致相当于今山西省运城、临汾一带)，以平阳（今山西省临汾市附近）为都城。

韩王成因为在张良辅佐和刘邦的帮助下，收复很多失地，反秦有功，项羽依然封他为韩王，统治原来的土地，以阳翟（今河南省禹州市）为都城。

赵国的大将司马卬平定了河内地区（今河南省黄河以北地区)，项羽封他为殷王，统治河内的广大地区，以朝歌（今河南省淇县）为都城。

赵王歇因为没有战功，项羽就把他迁到代地（今山西省北部)，改封为代王。

跟随项羽进入关中的各地反秦将领们，张耳的功劳最大，名声也最大，项羽封他为常山王，统治旧时赵国的大部分地区，以襄国（今河北省邢台市）为都城。

瑕丘（今河南省濮阳市东南）人申阳是张耳手下的一员大将，他领兵攻下了河南，在黄河边上迎接楚军，功劳甚大，所以项羽封他为河南王，以洛阳为都城。

黥布是项羽部下的第一名猛将，他出身马匪，投靠项羽以后，多次作为楚军的先锋，为项羽攻城略地，立下了汗马功劳，所以项羽封他为九江王，以六（今安徽省六安市）为都城。

吴芮带领南方百越的军队，帮助项羽和秦兵作战，并辅佐项羽进入了关中，所以项羽封他为衡山王，以邾（今湖北省黄冈市）为都城。

义帝熊心的上柱国共敖带领军队攻下南方诸郡，功劳很大，项羽封他为临江王，以江陵为都城。

燕王韩广没有战功，项羽把他迁徙到了辽东，改封为辽东王。

燕国大将臧荼在巨鹿之战的时候开始跟随项羽，一直到进入关中，

功劳很大，所以项羽封他为燕王，以蓟（今北京市附近）为都城。

齐王田市对反秦并不热心，没有战功，而且他是丞相田荣的傀儡，项羽把他迁徙到胶东（今山东省胶东半岛），改封为胶东王。

齐国的田都在巨鹿之战的时候，叛离了齐王田市，跟随项羽攻秦，一直到进入关中，所以项羽封他为齐王，以临淄（今山东省淄博）为都城。

田安是被秦国灭掉的齐国王田建的孙子，在项羽渡过黄河救赵的时候，他攻下了济北的好几座城池，并带兵投靠了项羽，功劳甚大所以项羽封他为济北王，以博阳（一说济南）为都城。

番君吴芮的大将梅涓战功卓著，项羽封他为十万户侯。

田荣是田市的丞相，掌握大权，定陶之战，项梁向他求救，他不肯发兵，导致项梁兵败战死，另外他对反秦也不热心，所以项羽没有封他任何职位。

陈馀在巨鹿之战之后，因为和张耳发生了误会，就放弃了将印，带着几百名属下在渤海郡的南皮（今河北省南皮县附近）靠打猎捕鱼为生。虽然他没有跟随项羽进入关中，但是他的名声在民间非常好，所有人的都知道他是一个贤良的人。而且，在巨鹿之战中，他也立下了卓越的战功。所以项羽就把南皮周围的三个县封给了他。

从这里来看，项羽的集团似乎没有统一中国、或用一种新的制度来规划天下的野心。项羽和范增仍将自己的思路局限于楚国式的联盟国家体制。

分封完所有的将领，处理了旧时六国王族的事情以后，项羽自封为西楚霸王，统治楚国和魏国东面的九个郡，以彭城为都。至此，项羽的事业达到了一生中的顶峰，各国诸侯都对他俯首称臣。不过，项羽分封诸侯的同时也埋下了隐患。因为他既然主持了分封的事情，就要对分封的公平性负责。但是人心总是难以满足的，在后来的岁月里，新旧诸侯由于对分封的事情不满，纷纷被刘邦利用起来反对项羽。这也成了项羽后来兵败的主要原因之一。

各路诸侯已经推翻秦朝的暴力统治和项羽分封诸侯的事情很快传遍了天下。老百姓们欢天喜地地庆祝着秦朝的灭亡。吴中的老百姓更加疯狂，因为项羽是从吴中带领八千江东子弟渡江反秦的。现在项羽已经成了各路诸侯的首领，他们怎能不高兴呢？而且，战争结束了，跟随项羽打天下的八千江东子弟很快就要回到故乡了。他们又能欢聚一堂，享受天伦之乐了。

就在普天同庆之时，有一个人却愤愤不平，想和项羽大战一场，这个人就是刘邦。刘邦是诸侯中第一个进入咸阳的人，按照义帝和诸侯们的约定，他应该被加封为关中王的。但是项羽却把他分到了汉中。刘邦越想越生气，于是，他下令军队立刻集合，向项羽发动进攻。

刘邦身边的人都劝他不要意气用事，萧何对他说：“大王，现在您分到了汉中，虽然不是很如意，但总比没有分到一寸土地要强很多。如果您执意要攻打项羽，说不定还会送命呢！”

刘邦大怒道：“我怎么会送命？我为什么会送命？”

萧何和刘邦不但是君臣关系，还是老乡。他见刘邦发怒了，就耐心地向他解释道：“现在正是项羽最得意的时候，他兵多将广，实力强大。而大王现在兵力不如他，将领也不够英勇善战。现在轻举妄动，简直就是自寻死路。”

刘邦听萧何这样说，怒气渐渐消了一些。萧何接着说：“大王虽然被分到了汉中，但是您还有巴、蜀等广大的地区可以作为后方啊！

巴、蜀之地虽然交通不便，但是土地肥沃、物产丰富，只要大王用心经营，基础很快就会稳固，兵力也会很快充实起来的。到时候，大王再挥师北上，夺取关中，就逐步实现一统天下的霸业了。”

刘邦听到这里，已经是怒气全消了。于是，刘邦听取了萧何的建议。

远迁义帝

公元前 206 年四月，各路诸侯纷纷离开咸阳回到了封地。项羽也带着军队离开咸阳，来到了彭城。彭城是项羽的故乡，他的出生地就在离彭城不远的下相。项羽的到来对于彭城的老百姓夹道欢迎，项羽也十分开心，因为他不但风光地回到了自己的故国，受到了父老乡亲们的热烈欢迎，而且战争已经结束了，他很快就可以带着八千江东子弟回到江南了。但是项羽回到江南的梦很快就破灭了。事情并没有像项羽想的那么简单，战争远没有结束。结束的不过是反秦的战争，各路诸侯之间的战争还没有开始呢！

项羽分封的各路诸侯，要么是和自己一起反秦的大将，要么是这些大将的部下。但不管是跟随自己反秦的大将，还是这些大将们的部下，他们都战功卓著。只有一个人是例外——韩王成。韩王成并没有战功，但是他在张良的辅佐和刘邦的帮助下，保住了韩国的领土。因此，项羽仍封他为韩王。但是项羽很快就后悔了，他无法容忍一个毫无战功的人混在各路诸侯的队伍中。

于是，项羽没有让韩王到封地去，而是把他带到了彭城。韩王成心里很清楚，项羽之所以要把自己带到彭城，完全是为了控制自己。但是项羽兵力强大，自己根本就不是他的对手。虽然他的心里一百个不愿意，却也无可奈何，只好跟着项羽到了彭城。到了彭城以后，他看到老百姓夹道欢迎项羽，就隐隐地意识到自己的死期已经不远了。因为他了解项羽的为人，项羽是那种很容易被成功冲昏头脑的人，他受到彭城百姓的欢迎，必定会狂妄起来。到时候，自己这个毫无战功的诸侯还不知道怎么在他的监视下生活呢？

韩王成想着想着，不由悲从中来，便大哭起来。

韩王成的判断很正确，项羽看到彭城的百姓如此欢迎自己，果然更加自大起来。他要做的第一件事情是远迁义帝。

当时，义帝心还在彭城，项羽经常可以看到他。他对项羽分封天下诸侯的事情十分不满。因为义帝心是旧时六国贵族的代表，他要的天下依然是战国时代七国并立的格局，所以他经常对项羽冷言相待。此时的项羽正在人生最得意的时刻，怎么能忍受一个失国的义帝对自己冷言冷语呢！

于是，项羽在心里暗暗筹划着如何对付义帝。他召集自己的亲信商议说："义帝实在是太不像话了，他竟然敢对我冷言冷语。当初他不过是一个在山里放羊的孩子，如果不是我叔叔项梁派我把他找来，拥立他为楚怀王，他怎么会有今天呢！他自己毫无战功，却想像原来一样统治整个楚国，这怎么可能呢？如果不是我和各位将领奋力杀敌，推翻秦国的暴力统治，说不定他现在还在山里放羊呢！我一定要想办

法把他支得远远的，让我眼不见心不烦。”

大家都很了解项羽的脾气，他已经决定的事情是没有人可以改变的。不过还是有一个人想试一试，希望能改变项羽的想法。他这样做并不是因为对自己特别自信，而是因为他对项羽忠心耿耿，他不想项羽因为义帝的事情被天下诸侯抓住把柄。于是，他对项羽说：“王上，义帝虽然没有战功，但是当时拥立他为楚怀王确实对反秦起了很大的作用。因为他是楚国王族的后裔，楚国的老百姓对他还是非常尊重的。再说，您已经向天下宣布尊他为义帝了。如果现在远迁义帝，必定会招致天下诸侯的猜疑，说您是一个出尔反尔的人！到时候谁还会再听从您的号令呢！”

项羽见部下这样说，心里虽然知道是为自己好，但还是说：“虽然如此，但是不远迁义帝，我实在是不甘心啊！”

众人见项羽心意已决，也就不再说什么了。第二天，项羽派人把义帝叫来，对他说：“古时候，拥有千里土地的帝王，一定会居住在河流的上游。现在我们楚国的领土何止千里，所以我认为您应该居住到河流的上游去。”

义帝虽然早就知道项羽要对自己下手，但他还是惊讶这一天来得这样早。他无可奈何地说：“你说得很有道理，我听从你的安排。”

项羽接着说：“长沙郡（今湖南省大部分地区）的郴县（今湖南省郴州市）是我们楚国湘水的发源地，那里是湘水的上游，我想让您到那里居住。”

义帝知道别无选择，不管自己答不答应，都要被项羽送到郴县，所以他对项羽说：“那我马上去准备，迁居到郴县去。”义帝虽然口上答应着，但是他的心里很清楚，郴县几乎是一片不毛之地，即使项羽不在路上劫杀自己，到了郴县以后自己也活不下去。于是，义帝迟迟不肯动身。项羽见义帝不肯动身，就几次三番地派人去催促他。义帝见项羽一定要把自己迁到郴县，已经毫无挽回的余地，也就死心了。他开始收拾行囊，准备到郴县去了。

见义帝终于动身要迁居郴县了，项羽马上派人护送他。但是，过了一会儿，项羽想到了义帝曾经对自己的冷言冷语，以及当初义帝派刘邦西进攻秦，却派自己到河北去救赵国，以致让刘邦先进入了关中。项羽大怒起来，他忽然觉得非得杀了义帝才能解自己的心头之恨。于是，他马上又派使者去通知临江王共敖和衡山王吴芮在路上劫杀义帝。

衡山王共敖和临江王吴芮接到项羽的命令以后，马上亲自带兵赶到了义帝的必经之路上。于是，就在义帝渡长江之时，临江王共敖和衡山王吴芮突然发起进攻，把义帝杀了。

杀了义帝之后，临江王共敖和衡山王吴芮立刻派人去向项羽汇报。项羽听说义帝已死，心中的怒气总算消了。

义帝死了以后，项羽对天下宣布说："义帝在路上得了急症，不治身亡了。"从这以后，天下的诸侯和睦相处了半年的时间。项羽无事可做，就整天在宫中练剑。安逸的生活让过惯了血雨腥风生活的项羽烦躁不堪。项羽认为他天生就是一个要在战场上驰骋杀戮的人，只有骑在马背上或手提宝剑的时候，他才能找到心中的自信。

一天，项羽闲来无事，骑着马在彭城溜达。他看到一个垂头丧气的男人在街头喝酒，喝醉了后男人开始大骂项羽。项羽走上前去，发现这个男人竟然是韩王成。项羽把他带到彭城以后就把他忘记了，直到看到韩王成在街头喝酒，项羽才记起他的事情还没有解决呢。

项羽想，张良是你韩王的丞相。你不好好地把张良留在身边，辅佐你收复失地，却让他去勾结刘邦。如果不是张良，我早把刘邦杀了。想着想着，项羽就怒气不打一处来，他决定要好好惩治这个不知好歹的韩王。

项羽回到宫中，就派人把韩王成找来。项羽看到韩王成醉醺醺地来到宫中，大怒道："你身为韩王，生活不知检点，竟然在大街上喝酒，破口骂我，而且还醉醺醺地进入宫殿。你怎么配当韩王呢?"

韩王成自知项羽不会放过自己，干脆就破罐子破摔起来，他对项羽说："我哪里是什么韩王，我不过是一个名不副实的傀儡而已!"

项羽见他竟敢这样回答自己的问题，更加生气了。他大声说道："身为王者，竟然说出这样不知好歹的话，简直不成体统。你既然说自己不是王者，那好吧，我就废了你的王位，封你为侯。"

韩王成听到项羽说自己不成体统，心下暗惊。他想：这下完了，项羽一定会杀了我。后来，他见项羽只是废了自己的王位，改封为侯，心一下又放松起来。其实，做韩王和做侯对他都是一样的，无论如何他都不能回到韩国去了。

项羽废了韩王成的王位以后，心里的怒气还没有消。而且每当他想到刘邦就会想到张良，想到张良就会想到韩王成。刘邦的事情每每让他心烦不已。

一天，项羽又想到了刘邦，想到刘邦以后，韩王成的身影又在他的眼前闪来闪去。项羽忍无可忍，就暗自派人去把韩王成杀掉了。

处理完了义帝和韩王成的事情以后，项羽再次想到了江南。他想带着八千江东子弟回到日思夜想的江南去。就在这时，天下战事又起，打乱了项羽的行期。

战乱又起

项羽在咸阳分封天下的时候，把原来的燕王韩广迁徙到了辽东，改封为辽东王，而封大将臧荼为燕王。臧荼原来是韩广属下的将军，现在他要代替韩广来做燕王了，韩广的心中很不是滋味，他不愿意离开故国，去遥远的辽东做什么辽东王。韩广心里很清楚，项羽封他为辽东王，实际上就是要放逐自己。

但是项羽既然已经封了臧荼为燕王。臧荼怎么会轻易放弃这个千载难逢的好机会呢！臧荼率领军队离开咸阳以后，就直奔燕国的都城蓟而去。到了蓟，臧荼对韩广说："辽东王，项王已经封我为燕王了。虽然我以前是你的属下，但是我现在和你一样都是一国的诸侯。请你带着你的百官和军队离开燕国，去辽东做你的辽东王吧。"

韩广哪里肯轻易离开自己的故国呢！他对臧荼说："燕国是我的故国，我不想离开这里。不如你带兵到辽东去，你做辽东王，我还做我的燕王。"

臧荼当然也不愿意放弃做燕王的大好时机，他对韩广说："项王已经封我为燕王，而改封你为辽东王了。如果我去做辽东王，天下人岂不要耻笑我。你一定要离开燕国，不然别怪我不讲旧时的交情，带兵把你打得落花流水。"

韩广自然知道臧荼的军队在项羽的手下已经锻炼成了百战百胜的常胜之师，自己的部队肯定不是他的对手。但是，他无论如何也不肯离开燕国。

臧荼大怒，他立刻回到军营，组织兵力，对韩广发动进攻。事实正如韩广所料，他的部队根本就不是臧荼大军的对手。臧荼带着士兵们很快就把韩广的军队打得溃不成军。韩广见状，带着文武百官和一部分军队仓皇向辽东逃去。

虽然韩广已经逃走了，但是臧荼并没有因此而消气。如果韩广一开始就顺从地离开燕国到辽东去，臧荼或许还不会派兵追杀他，但是事情已经晚了。臧荼一怒之下，派兵继续追杀韩广。逃到辽东以后，韩广以为臧荼会就此罢休，他做他的燕王，我做我的辽东王吧。

不过，他的美梦很快就破灭了。韩广和他的文武百官前脚刚到辽东的无终（今天津市蓟县），臧荼的军队后脚就追到了并发动了猛烈的进攻。韩广不敌，无终很快就被攻破了。臧荼见无终已破，就带着军队进城杀了韩广，把辽东也纳入了燕国的领土。

项羽分封的各路诸侯大多都是旧时六国王族的大将。因为这些大将们手握重兵，即使有和韩广一样的想法不肯交出土地的诸侯，他们也无可奈何，只好忍气吞声。但旧时六国中的齐国和其他诸侯国的情况不同。项羽要把齐王田市迁徙到胶东，改封为胶东王；封齐国的叛将田都为齐王。这件事情惹怒了丞相田荣。田荣是旧时六国中唯一一个没有跟随项羽反秦的将领，齐国的大权实际上也都被田荣控制着。

就在田都带兵离开咸阳要到齐国就任齐王的路上，田荣已经暗暗在他的必经之路上埋伏下了重兵。田荣下令道："只要田都一出现，所有的士兵全数出击，一定要把田都杀得片甲不留。"

田都以为齐王田市和丞相田荣一定不敢和自己的得胜之师开战，就带着士兵们一路走走停停，游山玩水一样往齐国赶去。他们来到田荣埋伏地的前面时，一个士兵来向他汇报说："大王，前面好像有田荣的军队。"田都不以为然地说："你多虑了吧，他田荣怎敢带兵和我的得胜之师开战。"于是，田都并不理会士兵的汇报，继续带着军队悠闲地赶路。

他们走着走着，忽然杀声四起，田荣一马当先向田都的军队冲去。田都慌忙应战，但是这个时候怎么还能组织起兵力呢！眼见田荣的军队越战越勇，田都只好带着士兵们冲出重围，往楚国逃去。田荣哪里肯放走田都，他下令军队奋勇追击。田荣带着军队一路追杀，一直把田都赶到楚国的边界，才带兵返回。

在返回的路上，田荣看见道路两旁密密麻麻地躺满了田都士兵的尸体，心中大喜。回到齐国，田荣向田市说了大败田都的事情。田市大惊道："丞相怎敢带兵攻打田都？项羽已经封他为齐王了，现在丞相带兵攻打他，万一项羽怪罪下来，我们拿什么抵挡项羽的虎狼之师！"田荣见田市害怕了，就愤愤地说："项羽来了，自有我带兵抵抗，你不必操心。你只要老老实实地做你的齐王就好了。"

虽然田荣说不让自己担心，但是田市依然害怕项羽会带兵来攻打自己。项羽一旦出战，齐国必败，到时候，自己肯定会死得很惨。田市越想越害怕，晚上的时候，他趁田荣不注意，带着一部分自己的亲信，往胶东逃去。因为项羽已经改封他为胶东王，他以为自己逃到胶东，就任胶东王，项羽就不会追究其带兵进攻田都的事情了。

但是田市错了，他错就错在低估了田荣。即使项羽不会追究他的责任，田荣会放过他吗？第二天，田荣知道田市往胶东逃去，大怒道："这个混蛋怎敢如此！"田荣马上带着军队往东追击而去。

田荣在即墨（今山东省即墨市）追到了田市。他一马当先，冲到田市的阵前，质问道：“我带兵攻打田都，替你保住齐王的位子，你就是用这样的方法酬谢我吗?”

田市吞吞吐吐地说不出话来。田荣见他不说话，更加气愤，马上下令屠杀田市和他的随从。赶跑田都，杀了田市以后，田荣自立为齐王，统治原来齐国的领土和胶东地区。

此时，田安已经带兵到了济北，就任济北王了。济北的都城在博阳，博阳离田荣的都城临淄很近。田荣带兵赶跑了田都，他担心田安会为田都报仇。俗话说“先下手为强，后下手遭殃”，与其在临淄担心田安带兵进攻自己，不如主动出兵消灭他。

于是，田荣马上往西南进军，攻打博阳。田荣的军队刚刚战胜田都，又杀了田市，士气正旺。而田安和大多被项羽分封的诸侯一样，回到封地只知道享乐，忘记了在战场上的厮杀。所以，田荣一出兵就击败了田安，把他杀死在博阳。占领了博阳以后，济北、胶东和原来齐国的领土都属于田荣了。

田荣接连击杀项羽分封的诸侯，必定会引起项羽的忌恨。田荣想，既然要引起项羽的忌恨，不如借机让更多的人起来背叛他。这样让项羽兵分多路，自己说不定还有活命的机会，不然一定会被项羽杀掉。于是，田荣封彭越为大将军，让他在梁地起兵。

项羽在分封诸侯时，埋下的另一个隐患就是陈馀。陈馀本是赵王歇的大将军，但在巨鹿之战以后，由于和当时的丞相张耳产生矛盾，他放弃将印，带着几千士兵到了渤海郡的南皮以打猎捕鱼为生。秦国灭亡后，项羽封他为南皮三县之侯，却封张耳为常山王，改封赵歇为代王。这件事情激怒了陈馀。陈馀以为自己和张耳一样都是反秦有功的大将，项羽封张耳为王却封自己为侯，分明是没有把自己放在眼里。而且赵歇本是赵王，张耳只是他的丞相，项羽竟然要张耳代替赵歇做王统治赵地，这分明是大逆不道的事情。

但是分封诸侯以后，项羽的力量达到了极致，陈馀没有办法和他抗衡，只好忍气吞声，默默地寻找机会报仇了。田荣率兵接连攻击项羽分封的诸侯以后，陈馀大喜道："机会来了，真是天助我也!"陈馀派张同和夏说到齐国去觐见田荣，送去一封自己的亲笔信。陈馀在信上说："项羽分封天下诸侯，自封为西楚霸王。本来也没有什么不可以的，因为他带兵反秦，功劳最大。但是他分封天下并不公平。他把原来的诸侯都迁徙到了偏僻不便的贫穷之地，却把自己的将领和群臣封到了这些诸侯的故地。拿赵王歇来说吧，他做赵王做得好好的，项羽竟然把他改封为代王，迁居代地。封张耳为常山王，统治赵国原来的土地。我认为这是很不仁义的事情。"

田荣看到这里，点头认可了陈馀的说法，因为项羽也把原来的齐王田市迁徙到了胶东做胶东王。田荣又看了下去，只见陈馀的信上接着说："我在南皮听到大王起兵反楚，对项羽这种不仁不义的做法很反感，就派张同和夏说来向大王求助。大王如此仁义，一定不会拒绝我的。请大王发兵帮助我攻打常山王张耳，我要恢复赵王的领地。到时候，我会带兵和大王一起反对项羽，他的兵力不足以攻打两地，他对您也就无可奈何了。"

田荣本来就想要更多的人起来反楚，见到陈馀来向自己借兵，心下大喜，他马上就答应了陈馀的请求。于是，田荣悄悄地发兵进攻常山王张耳。陈馀也把南皮所有的士兵都集结起来，配合田荣一起向襄国发动了攻击。

秦国灭亡以后，项羽封张耳为常山王。张耳就以为从此以后天下太平了，自己和自己的子孙肯定世世代代地一直做常山王的。所以他几乎忘记在战场上是如何驰骋杀敌的了。张耳的士兵们也都放松了精神，不愿去想打仗的事情。当田荣和陈馀突然向张耳发动进攻的时候，张耳才恍然大悟，原来天下并不太平。可是这个时候已经晚了，士兵们由于平时疏于训练，都失去了往日和秦兵作战的英勇。

田荣和陈馀的部队，长驱直入，很快就把张耳的都城襄国攻破了。张耳见大势已去，不可能再夺回襄国了，就绝望地往西逃到了汉中，投奔刘邦去了。攻下襄国之后，陈馀拜谢了田荣，马上亲自带人到代地去迎接赵王歇。陈馀见到赵王歇，跪在地上说："项羽和张耳欺负大王，这段时间让大王受苦了。我已经联合齐王田荣攻破了襄国，赶走了张耳，请大王回到赵地，继续做赵王吧，赵国的老百姓想念大王啊!"

赵王歇被陈馀的真诚和忠心感动了，他扶起陈馀，几乎要哭了出来。因为自从迁入代地后，他就日夜思念着赵国，想回到自己的故乡。赵王歇对陈馀说："将军才是对我最忠心的人啊!"

赵王歇跟着陈馀回到了赵国的都城襄国，重新做起赵王来。赵王见陈馀劳苦功高，赵国已经没有什么官爵足以报答他了，就把陈馀封到代地做代王。

就在齐王田荣和陈馀纷纷起兵反对项羽的时候，远在汉中的刘邦也不消停。刘邦带着军队来到南郑以后，就用心经营着巴、蜀和汉中。此时，张良已经以韩国丞相的身份回到了韩国。刘邦送别张良时依依不舍地和他约定，将来一定要帮助自己统一天下。张良很爽快地答应了刘邦的要求。张良走了以后，刘邦听从萧何的建议，封韩信为大将军，统领汉兵。

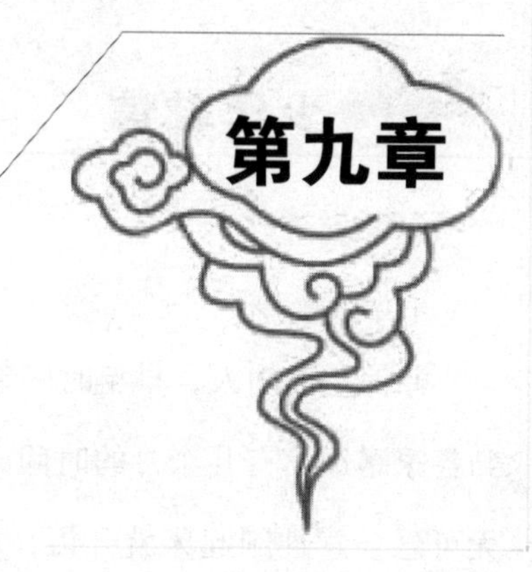

第九章

韩信入军

如此具体的建言，刘邦自然也完全信服。他当场表示自己只恨太晚认识韩信，才会平白承受了数月的痛苦，如今一席谈话便使他顿然茅塞全开。于是他将东进的计划完全委派韩信去规划，军队也完全归韩信去部署指挥。

少年韩信

韩信是淮阴人，早年时一贫如洗，不能当官，也不会经商，经常到各家蹭饭。有几个月的时间，一直在村长家白吃白喝。村长媳妇忍无可忍，索性刚起床就开饭，等到韩信来的时候，已经没有饭吃了。韩信明白人家是厌恶他了，很伤自尊心，从此再也不去了。

韩信在城外钓鱼，一位洗衣服的老妇人见他饿得不行，就给他饭吃，一连数十日，韩信感激涕零，说："我肯定会报答您！"没想到，老妇人听后愤怒地回答："你身为大男人，不能自食其力，我是看你可怜才给你饭吃，哪里是指望你的报答！"

村里有一个无赖看见韩信经常佩带刀剑，就挑衅他："看你手无缚鸡之力，还喜欢佩刀带剑，你以为你是英雄呀，我看你是个胆小鬼！"

韩信站在那里一言不发。那无赖一看围观的人多了起来，更加得意，说："你有能耐就用剑刺我，若不敢，就从我的胯下钻过去。"

韩信盯着他看了很久，最后，他低下头，弯下腰，真的从那个无赖的胯下爬了过去。围观的人都哄笑着散开了，在他们的眼里，韩信真就是个懦弱的胆小鬼。可他们哪里知道，这才是韩信在个性上已真正成熟了的表现。他不需要为这样的无赖动气，他有更高的目标。他在等待机会。

机会终于来了。外强中干的秦王朝走到了尽头，陈胜、吴广在大泽乡点着了火星，反秦的烈火就在各地熊熊燃烧。火光照亮了韩信的前程。韩信需要在战争中展示他军事家的才华，他也正是看到会有这一天的到来，才长年孜孜不倦地苦读兵书。

可是，渴盼已久的韩信却并没有盲动。他需要进一步地观察和分析形势以确定自己的行动。首先，他是不会去给暴秦出力的，无论是从感情上，还是从条件上，或是从长远考虑上他都只能是站在反秦的立场上，而反秦是需要队伍的，这时韩信完全不可能自己组建起队伍来。因为，他太穷了，穷得让人看不起。他完全没有组建队伍的经济条件和政治条件。所以，他只能选择去投靠别人的起义队伍。在别人的队伍中去帮助别人的同时来实现自己建功立业的理想，而这时的反秦起义军队伍都是各自为政的，所以，他还必须在反秦的队伍中来选择一个。这选择并不容易，他要选择的队伍应该是能在反秦斗争中成长为骨干而且他也能在其中大显身手的。

究竟应该到哪一个军队中去谋求发展呢？韩信经过了仔细的分析和思考，最后终于看好了起兵江东的项梁和项羽。他认为，这一次反秦斗争中，项梁和项羽才是最能够成就事业的人。首先，他看到项梁、项羽都是具有个人魅力的人，具有很强的军事才能，也有相当的政治素质，是能够独当一面领导反秦斗争的人。其次，他们出身贵族，是名将项燕之后。由于楚国人民对项燕的爱戴和怀念，现在由其后代项梁和项羽来领导的反秦武装对楚国人是很有感召力的，十分便于队伍的发展壮大。同时，楚国人民的反秦情绪又是最高的，自从楚怀王槐被秦国诱骗客死他乡之后，楚国人民就一直很仇视秦国。秦国虽然灭

了六国，但楚地一直流传着“楚虽三户，亡秦必楚”的说法。

现在项梁、项羽带着这样一个精锐的队伍，当然是会大有作为的。于是，韩信怀着雄心壮志，在项梁军渡淮水之际，毅然杖剑从军，时年秦二世二年（公元前208年）春天。

怀才不遇

对于项氏在反秦斗争中的发展，韩信是完全地预测对了，最后项羽果然成了所有反秦队伍的领袖，并取得了反秦的绝对胜利。但是，韩信始终没有想到，在他置身于项氏军队中的这两年多时间里，他自己的事业却是一无所成。

后来他学聪明了，竭尽所能地表现自己擅长谋略的本事，最后总算被军中的行政人员看上，受任为项羽总指挥部的郎中，可以参与军事计划。

但韩信却更加失望了。因为天才将领的项羽根本用不上总参谋部，他身边只要有一个范增便够了。且项羽比较喜欢用有勇力的人，他一向就看不起只会动嘴的人，甚至连范增都常受到他的奚落。

韩信也曾向项羽提出很多战略计划，但项羽却连看也不看一眼，便全归入垃圾桶中作档案了。像这种喜欢毛遂自荐的说客，项羽是宁可猛干、硬干也不会听他们的话的。

韩信知道他在项羽麾下毫无用处，因此决心另寻新的领袖，以展开他的伟大事业。

进入咸阳后，他对项羽的暴力行为感到十分可笑，因为这种无谓的破坏，对治国平天下的领袖人物只有坏处，毫无帮助。他认为不只项羽是个愚夫，总参谋长范增也是个无可救药的笨蛋。

相对地，刘邦进入咸阳后的表现却让韩信非常好奇，他猜想这位表面上胆小温顺的军事将领，可能才是个可敬又可怕的大野心家。

平民出身，毫无人脉，却成了天下仅次于项王的人，这正是自己梦寐以求的偶像。尤其是刘邦在鸿门宴上的表现，像极了自己当年所受的胯下之辱。因此，他决定舍弃日正当中的项羽，转而追随困难重重、前途多艰的刘邦。

韩信这种自信满满的人，深知选老板要比选公司重要得多。

就在刘邦率队进入汉中时，韩信表示了跟随刘邦的意愿，项羽也甩掉了一个喋喋不休的麻烦者。而刘邦正为行军的困难和逃兵事件搞得头昏脑涨，自然无暇顾及军中隐藏着多少人才。

进入汉中后，逃亡的将官士兵更多了，连樊哙等老将都感到束手无策，他们对刘邦军团的前途颇为悲观。

刘邦也不禁苦中作乐地表示："或许到汉中后，我便要成为'孤王'了。"

韩信却不那么悲观，他认为让没有信心、吃不了苦的人离去，反而会有过滤的作用，对刘邦集团的强化更有帮助。只是自己仍是一名小参谋官，连刘邦的面都见不到，心里着实不怎么痛快。

有一次，他实在太郁闷了，便和几个伙伴偷取了军营中的酒来泄心头之愤，结果犯了非常严重的罪刑。

由于偷跑人数太多，如果偷跑者跑前再带些粮食，那么刘邦的汉王国便会成为“空头公司”，所以任何偷窃行为一律处死。

韩信和他的伙伴全被判死刑。

此时依照职位高低，位低的先杀，前面十三位都死了，只剩下韩信一人。于是韩信也被五花大绑地架着推出了刑场。

负责监斩的官员，正是刘邦的早年挚友——马车夫夏侯婴，当时他已名称滕公。

夏侯婴还是有点机警而天真，脸上自然流露出同情这十四名冤死鬼的神情。

敏锐的韩信很快地看出夏侯婴的心态，为了掌握最后机会，他故意仰天长笑，大声叹息道：“汉王不是想要争夺天下吗？为什么要杀我这个壮士呢？”

夏侯婴抬头一看韩信，果然是一表人才，又对他的话深感兴趣，因此立刻停止行刑，亲自下场解了韩信的捆索，并请他到里面详谈。

这是难得的机会，韩信自然大展其口才，企图说服夏侯婴。

对刘邦来讲，夏侯婴只是个忠诚的伙伴，谈不上有什么才能，所以刘邦也不会太重视他的意见。

刘邦一向对杀人就不怎么感兴趣，既然有夏侯婴讲情，自然立刻赦免了韩信。但他对夏侯婴给韩信的评价，倒不见得多相信，因此只给韩信一个治粟都尉的官职。

或许也是命运，这个职位虽称不上重要，却因为管理粮食为其主要任务，让韩信得以接触到刘邦底下另一个更重要的人物——萧何。

萧何和夏侯婴也是旧识，两人交情还算不错。急着替刘邦物色人才的萧何，对夏侯婴的推荐比刘邦感兴趣多了，因此他主动找韩信交

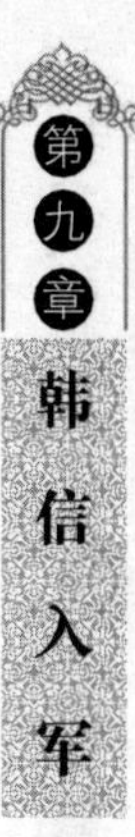

谈，对韩信的才气已有相当的认识。

依萧何估算，即使给韩信任何一个他能安排的官职，都不能让韩信完全发挥。这是一块尚待琢磨的宝玉，也是刘邦阵容中最缺乏的人才，所以他一定得好好地安排，让刘邦来真正重用韩信。

不过萧何一向比较冷静，他也不愿将心中的策划太早让韩信知道，以免韩信急着成功，表现得太积极，反而容易引起刘邦阵营中其他将领的反感。

但韩信似乎无法像萧何那样有耐心。他非常自信地确认萧何必定深为自己的表现所折服，也必对刘邦数度推荐过自己，之所以到现在仍没有消息，问题出在刘邦身上。或许刘邦根本不需要像自己这样的人才，如果确实如此，那自己便没有什么希望了。

萧何月下追韩信

为了弥补刘邦心中的不平衡，项羽再拨出三万多兵马，让他们跟随着刘邦的直属军团进入汉中。

其实，这段时间刘邦的表现极佳，不论在勇猛、容忍、气度和形象上，均有上乘的演出。因此《史记·高祖本纪》记载："楚国和诸侯国间，因仰慕刘邦风范而跟随入汉中者，高达数万人之多。"

大队人马，由杜县之南，进入褒中，打算由子午谷进入汉中。

张良跟随至褒中，刘邦要求他先回韩王处述职，待取得韩王谅解后，再入汉中辅助刘邦。张良也慨然答应，并暗中建议刘邦焚烧经过的栈道，一方面可阻绝外面兵力的侵入，另一方面也可向项羽表示无意再回中原争霸，松懈项家军团的戒心。

果然，范增派在跟随群众中的密探很快向项羽密报这件消息，项羽也因而放松了对刘邦的防卫。

大队人马攀登着高耸入云的山脉，当他们进入子午谷后，便必须在很多前人所造的栈道上行走。

栈道是一种先穿凿岩壁、再用圆木作支柱而建架成的人工通道，军队及辎重必须在其上行走。有些栈道的结构较弱，必须先动用军力加以补强，有些则根本要拆掉重建，工程巨大又艰难。

栈道的底下是千丈深谷，一不小心掉下去，便立刻粉身碎骨。尤其有些特别艰险的地方只容一个人单独小心通过，所有的粮食、器具、武器都必须用人力一个个背过去。所有行人只能沿着山路逐步攀爬前进，那些体力不济或过分粗心的人，往往消失在千丈的云雾谷底中。

接连几日的行军，不慎失足而死的人越来越多，军中充斥着悲愁凄惨的气氛。

跟随的兵士中，有不少人是居住在平原地区，其中有的是奉命而来，有的则是仰慕刘邦的领导风范，想要追随他到汉中去创出一番事业。他们从未在山中生活过，第一次尝到山居生活的困难，而陌生中的恐惧又最难让人忍受。于是很多人纷纷打退堂鼓，不告而别地从原路逃了回去。

不久，逃亡的人数越来越多，甚至不少部将也跟着离开，让刘邦的班底个个忧心忡忡。

刘邦倒显得满不在乎，他既不追捕逃亡者，也不追究监守责任，一副要走请自便的模样。

倒不是刘邦大方，其实他也是束手无策的，只是既然不知道怎么办好，便不如顺其自然。

心里虽感到焦虑和不愉快，白天却又要装出很有信心的样子，于是刘邦一到夜里便常要借酒来舒缓心中压力。而部属们对此事倒也相当谅解，并未多加劝谏，只希望刘邦能有更大的毅力坚持下去。

直到有一天早上，刘邦被一个噩报惊醒了。

“丞相萧何昨晚私自离去。”

刘邦几乎气疯了，同时也吓坏了！

“怎么可能，连萧何都逃亡了，我还能依靠谁呢？”

失去了左右手，刘邦几乎要完全崩溃了。没几天，萧何又回来了，并且立刻向刘邦报到。刘邦又气又高兴，见了面马上问道：“你怎么可以逃亡呢？”

萧何表示：“臣不敢逃亡，臣是去追回逃亡的人啊！”

“你去追谁呢？”

“韩信啊！”

“韩信？”

刘邦对韩信倒没有太多印象，只知道是个高大、斯文、相当擅长讲道理的中年将官。

对能言善辩、只会说道理的人，刘邦一向不太喜欢。他无法了解萧何为什么特别看重韩信。

带着一副无法接受的表情，刘邦期待萧何对这件事情有所解释。

由于情况紧急，萧何也不知韩信到底走了多久，只好立即前往追

赶，未曾在事先知会刘邦。花了两天的时间，总算在边界将韩信追了回来。

登坛拜将

萧何带着韩信回来了，喘息未定，他便向刘邦解释道："那些逃走的将领只能算是普通将才，我们的阵营里并不缺乏，但像韩信这种人才，称得上国士无双，正是我们最需要的，绝对不能流失。如果大王想长年在汉中当王，韩信可能还用不上，但如果想复出关中、争霸天下，没有韩信将很难完成这项任务。要不要留住韩信，主要还在大王自己的决定呢！"

刘邦："我当然想回东方去和项羽争夺天下，怎能一辈子郁卒在这个地方呢？"

萧何："如果您有回东方争霸的计划，必须要能重用韩信，这样子韩信才会留下来，否则他一定会再度逃亡！"

刘邦想起夏侯婴当时的推荐，再对照萧何此时的态度，只好勉勉强强地同意了："既然你们都这么认为，我就答应以他为将领了。"

萧何："只是普通将领职位是留不住韩信的。"

刘邦："那么就拜他为大将吧！"

萧何："能够这样，是我们的幸运了。"

看见萧何兴致勃勃的样子，刘邦也高兴了起来，当场便下令要召见韩信，并拜之为大将。

萧何又好气又好笑，心想刘邦经常就是这么天真，连拜大将如此重要之事都随便而马虎，因此他只得进一步讲开了。

“大王一向怠慢而少礼，如今拜大将仍像是在使唤小孩子，就是这样子韩信才会跑掉的。大王如果真的有心拜将，一定要确立他的权威。您应该找个良时吉日，斋戒、设坛场，把所有礼节准备周全，让大家能真正重视这件事。”

刘邦听他讲得这般郑重，也只好答应了。

将领们听说刘邦决定拜大将，都非常兴奋，反正这本来就是人人有希望、个个没把握的事，赌一下总也没有什么不好。

在刘邦阵营中，最有资格成为大将的，应是周勃、灌婴和樊哙。周勃稳重而寡言，樊哙忠诚度最高，两人都猛勇而可靠，但显然无统率大军团的经验。灌婴虽资历最浅，领军经验却较多，但策划及安排大型军事活动的能力则似乎仍有不足，因此谁都无法判断刘邦属意的是何人。

当刘邦宣布韩信为大将时，大家都愣住了。九成以上的官兵没有听说过这个名字，认识的人也搞不懂这个原本管理粮食的小官，怎么能够一跳数级，成为统率众军团的大将。

从外表看来，韩信虽长得高大，但其举止斯文，一点也没有驰骋战场应有的勇猛气势。

只有萧何从头到尾微笑着参与这个仪式。夏侯婴也不时鼓掌称好。

其他将领则心情复杂，有点失望，也松了一口气，因为他们总算不必去承担这个可能和项羽正面对决的责任。

不过最高兴的人却是刘邦，历经好几个月的沉闷和挫折，现在总算让他有点热闹事可干。大家都说韩信了不起、有点子，而刘邦最喜欢跟这种人在一起，或许此人可以提供一些有用的意见，解决他心里的沉闷和挫折感。

刘邦一向没有太多主见，他很愿意接受别人的想法，只要讲得有道理，他很快就可以吸收成为他自己的看法。所以，他特别喜欢有见地的人，而张良、郦食其会成为他的心腹的原因也在于此。

拜将典礼结束后，刘邦依礼节请韩信上坐。由于是第一次会谈，刘邦在态度上也显得严肃很多。

刘邦："丞相好几次向我提到韩将军的才识，请问将军有什么计策可教给我呢?"

韩信自然也先客气一番。接着他便很单刀直入地表示："大王如今想东向争霸天下，对象不正是项王吗?"

刘邦："是的!"

韩信："大王自己判断，在勇悍仁强方面，您和项王比较如何?"

刘邦沉思良久后，郑重地表示："我不如他!"

韩信进一步表示："我也认为大王的确不如。不过，有些因素也不像表面上我们感觉到的那样，请听为臣详细分析。"

刘邦自然表示同意。

韩信："臣曾出任项王的军事参谋，故对他的个性相当了解。项王勇猛无比，发起脾气来，千人也挡不住他的威势。但他主见很强，无法任用有才能的将领，这是他最大的弱点。这种勇猛，不过是匹夫之勇而已。

项王在接见宾客时相当恭敬有礼，颇能刻意表现其仁爱，而且言语及态度也颇和气。每当部属有疾病时，他常涕泣并特别赐以食物，但当部属有功而应当封爵加赏时，他却又显得犹豫、不肯给予。像他这样的个性，不过是妇人之仁。”

这些话，听得刘邦频频点头。

想起过去自己提出任何意见，都会马上被项羽反驳得一无是处，而现在刘邦却这样兴趣盎然地接纳自己的看法，韩信内心不禁产生一股温暖的情感，也促使他更想侃侃而谈了。

“不仅如此，项羽还犯了很多策略上的严重错误!”

“哦！是吗?”

“项王虽然已称霸天下，臣服了所有诸侯，但却不在关中称王，而是急着回到彭城，表示他欠缺全国性眼光，对时局的掌握也不够敏锐。

他背弃和义帝间的约定，无法客观掌握政治情势，封王的标准完全依据自己的好恶，显示其缺乏领袖风范。如此必会造成很多人心中的不平，徒然增添未来局势混乱的变数而已。

他驱逐各国原本的领袖，而以和自己关系较密切的将领顶替，又将义帝迁往江南；其军队所过无不残破，百姓对之并不亲附，只是害怕他的威势罢了。

项王的这种作风，虽名为天下霸主，其实反而大失人心，故其目前的强势是很容易崩溃而转为弱势的。

从来没有听过有人这样分析过项羽的弱点，刘邦顿时又信心十足了，他几乎完全接受韩信的讲法。

“大王若要对抗项王，就必须采用和他完全相反的策略。如果能完全任用天下真正的武勇大将，则没有什么是我们不能诛灭的；以天下城邑分封有功之人，则没有人会不臣服我们的；以义军的姿态东向争

霸，则没有人会不想追随我们的。这样我们的力量便可以很快地聚集而成了。”

刘邦：“嗯，有道理！”

韩信更兴奋了，恨不得马上替这位新主人拼死效劳。

“何况项王更有一项严重弱点！”

“哦，怎么讲？”

“项王将三位投降的秦将封为秦王，是他最大的致命伤。章邯、司马欣和董翳领导秦国子弟兵，数年来伤亡惨重，却在紧要关头投降楚军，早已失掉了秦国父老的负托。在新安时，项王坑杀二十万秦兵，只有这三个人幸免于难，而秦国父老痛恨子弟兵伤亡，都认为是这三个人出卖秦军，因此对他们的怨恨深入骨髓，这种仇恨是永远不能消除的。项王用这三人为秦王，绝对无法得到秦国人民的支持。”

“那我们应该怎么办呢？”

这时候，韩信也坦然道出了他对刘邦心仪已久的原因：“大王当初入武关，秋毫无所害，还除去秦国苛法，与秦民约法三章，秦民没有不希望大王为关中王的，这股民心绝对可以好好利用。”

“何况当年诸侯相约，先入关中者为主，大王应当最有资格为关中王，这是秦国人民所深知也完全认同的。

“如今大王被项王排斥，失职而入汉中，秦民无不惋惜而痛恨。只要大王宣称举兵侵入关中，发出檄文，三秦自然败亡，关中即刻纳入囊中。”

如此具体的建言，刘邦自然也完全信服。他当场表示自己只恨太晚认识韩信，才会平白承受了数月的痛苦，如今一席谈话便使他顿然茅塞全开。于是他将东进的计划完全委派韩信去规划，军队也完全归韩信去部署指挥。

从未有过如此权力的韩信，一颗心完全被刘邦的慷慨给系住了。士为知己者死，韩信感动得几乎当场落泪。

这一番会谈，也揭开了长达四年的楚汉相争的序幕。

明修栈道，暗度陈仓

成为汉军总将的韩信，开始着手策划刘邦的东征计划。

在进入关中时，为了表示不再东归，张良曾劝刘邦烧毁栈道，让项羽阵营疏于防备。

堵塞刘邦的第一道关口，是秦国名将雍王章邯。

章邯对刘邦的印象不深，而且他一向看不起这种非正统的将领，因此一直未对刘邦做太多的防卫准备。

其实，章邯最讨厌及看不起的人是他自己。坑卒事件后，章邯被吓坏了，他连反抗式自杀的力量都消失了。他自己都搞不清楚为什么能忍辱偷生下来，而且还受封镇守关中。

章邯深知秦民都痛恨他，还好有楚军以武力强力镇压，自己的安全暂时没有问题。但章邯却不是狐假虎威的人，他对自己目前的现状非常痛恨，处事变得消极、颓废，不太愿意管事，早已失去名将应有的积极领导风范。

汉中传来情报，刘邦拜韩信为大将，有准备攻击关中的迹象。章邯对此并不感兴趣，也不表关心。刘邦的情报人员，当然也探得章邯这种心态。

韩信下令修建栈道。这个工程相当庞大，即使行动再秘密，消息也不可能不走漏的。

韩信还经常到现场鼓舞士气："我们很快就会回到东方的。"

听到这个消息的章邯，只淡淡地表示："修栈道？那么打过来还早得很哩！"

烧毁的栈道要重建，的确没有那么简单。

但韩信却从未想由栈道进攻关中。《孙子兵法》诡道十四变："近而示之远，远而示之近……"韩信想的正是出其不意、攻其无备的方法。

在章邯的雍王京城废丘的西方，有个地方叫作宝鸡。由于渭水流经这里，宝鸡成了黄土高原中少见的丛林区。

据传当年秦文公曾在此狩猎，并获得一颗珍贵的宝石。这颗宝石异常明亮，更令人吃惊的是轻轻摩擦它时会发出公鸡般的啼声，文公于是下令立祠供奉，祠名为宝鸡，后人便以此为地名了。

渭水由陇西流往宝鸡，自然形成一个通道。而渭水下游便是咸阳，基于运输上的方便，秦皇室在此建了一个官仓，用以储藏粮食，称为陈仓。秦军为保护陈仓的粮食安全，便在这里建立一个小关卡。

这个关卡腹地小，容不得太多守军，而且山路崎岖，军队也无法驻扎，所以只有情况紧急时才能派兵前来驰援。这点对进攻的一方极为有利。而且在秦岭山脉中，唯一能容下较大军团经过的，便是这条渭河形成的天然管道，加上此处地势隐蔽性高，暗渡时比较不容易被发现。

韩信所选择的便是这条道路。

但陈仓关口虽小，却易守难攻，所以必须采取突击战术。他于是公开宣布修建栈道，并有意让关中守军将注意力集中在栈道的工程上，这便是历史上有名的“明修栈道，暗度陈仓”。

韩信将军团分成四大部分，每个军团大约四五千人不等，出发时相隔行程约两天，以免让对方发现。

韩信自己则暂时留在栈道工程现场，以免章邯察觉陈仓的军事行动。

原则上，在攻陷陈仓后，韩信便迅速赶往前线。

中原动荡，项羽无心回顾关中。

在范增的全国性战略上，刘邦是首要假想敌，所以项羽阵营对刘邦的动向是极端关注的。

项羽曾和章邯对阵过，因此深知章邯、司马欣、董翳的指挥及作战力，但他唯一疏忽的是，由于坑杀降卒和焚烧咸阳事件，章邯早已成行尸走肉，根本完全丧失作战能力。

其实，让项羽真正无暇关心关中情势的是中原的问题已陷入严重不安了。

他错误的分封策略，使各诸侯国很快地陷入再动乱中。

没有得到任何封地的齐国首席军事强人田荣首先兴兵反抗项羽，在击败田都与齐王田市后，统一了三齐，成为真正的齐王，之后他联合陈馀攻打张耳。

韩王成由于力量不足，一直在楚国的控制中，甚至被软禁在楚营内，根本无法回到阳翟重建韩国。

张良本是韩国贵族后裔，他回韩地后，虽然尽力恢复韩国政权，但由于韩王成软弱，一直不敢对项羽要求，因此张良失望之余只好重返汉中，意图投靠刘邦。

项羽看到韩王成无法获得韩国长老支持，就废之为穰侯，并将韩国正式合并于楚国。不久，他又令人暗杀了韩王成，使韩国在未现生机前，便又复归于灭亡。

这对张良的打击非常大，也使这性情中人的企划高手决心协助刘邦，和项羽周旋到底。

无意中，项羽为自己增加了不少可怕的敌人。

章邯败亡

韩信敢在接掌大将不久便着手东征事宜，主要是想掌握这个时机。

果然，当樊哙的前军已攻陷陈仓时，章邯才发现中计。基于责任心驱使，他勉强集结手中军队，赶往陈仓驰援。但民心向背，章邯手下的楚军因此心存畏惧，根本无法有效阻止汉军的攻势。

陈仓陷落后，章邯见地利已失，乃向东退却。

这时，刘邦已进入陈仓，指挥樊哙、灌婴、周勃三大军团会师。

章邯军队则退至好畤，布阵准备抵挡刘邦大军，并派急使向司马欣、董翳等求救。

此时刘邦也派使节向司马欣、董翳游说。他们考虑到民心已无法掌握，仅靠少数楚军，连自保都还有问题，又如何能支援章邯，便决定坚守不出。

章邯见援军不到，不敢恋战，便率军队退入废丘准备坚守。

刘邦军队于是便轻易占有雍地，并攻入咸阳；樊哙继而攻打废丘，周勃、灌婴则分别向司马欣、董翳施加压力。

不久，司马欣、董翳投降，关中地方除了章邯军队固守的废丘之外，已经全部纳入汉军的掌控中。

秦国父老对刘邦甚为推崇，因此汉军虽然不多，但却很快地占领了庞大的关中平原。

刘邦终于得偿夙愿，成为关中王。此时离他被迫带军进入汉中，只有四个月的时间。

这场战役的主要策划人韩信，也随同萧何的后备部队抵达关中。

由于章邯坚守废丘，樊哙军团虽猛烈攻打，但效果不大。

韩信乃亲至废丘视察战场，他建议樊哙引雍河之水淹灌废丘。

时值夏天雨季，水流湍急，樊哙便令人堵住雍河，让水灌入废丘。很快地，废丘全城已浸入水中。

章邯见大势已去，不忍军民损伤太重，遂自杀身亡。

废丘残军于是向樊哙投降，关中完全底定。萧何以其地规划为渭南、河上、上郡三个郡，纳入汉国的管辖中。

由于刘邦家属还在故乡，汉军不敢贸然进入中原，只派出特遣部队薛欧、王吸的小规模部队，先由武关火速进入楚地，设法营救刘邦家属。

但真正营救刘邦家属离开沛县、使刘邦无后顾之忧的人，却是与

刘邦同乡、素有烈性男子之称的王陵。

王陵是沛县人，由于个性慷慨，有雄略，其早年的势力比亭长出身的刘邦大。加上对刘邦的出身又太熟悉，所以王陵实在搞不懂刘邦怎么会势力膨胀得如此吓人。

倒是刘邦对王陵非常热情，因为他十分清楚如果把故乡人当成敌人，对出身不佳的自己极为不利，所以非把王陵拉到自己这一边不可。

其实这段期间，王陵也集合了数千兵力雄踞南阳，拥有相当的影响力。连一向骄傲、不把敌人放在眼里的项羽，都一再表示对王陵刮目相看。

基于火烧咸阳事件，王陵对项羽的评价大降，决心支持刘邦。

在刘邦军队进入关中后，王陵已预感日后将是刘邦和项羽两强对抗的局面，因此他派了一个突击队，迅速到沛县将刘邦家属迎入南阳，以表明自己的立场。

项羽听到消息后，也立刻派军驻守在阳夏，一方面阻止刘邦军队大量由武关进入中原，另一方面也立刻到沛县控制住王陵的母亲，并将之迎入军营。

王陵只好派使者和项羽交涉。项羽让王陵母亲坐在主宾位以表示尊重，并以宴饮招待使者，希望王陵能投入项羽阵营。

宴会结束后，王陵母亲私下向使者表示：“请帮助我这个老婆子向王陵交代，要好好地侍奉汉王（刘邦），汉王是位长者，终将取得天下，千万不要因为我的安危而左右不定。我这个老婆子现在便以死明志，以送使者。”

说完便以剑自杀而死。使者也急速逃回，并将此悲剧迅速禀告王陵。

项羽认为自己受骗，非常生气，便烹煮王陵母尸以泄恨。这件事更坚定了王陵支持刘邦的决心。

为抵挡刘邦势力的继续扩大，项羽特别封吴县县令郑昌为韩王，并命其进驻阳翟以重新建立防线。

张良担心项羽将主力部署在韩境阻碍汉军南下中原，特别写了一篇前线战情分析书给项羽，表示："汉王离开汉中，以目前动向来看，只是想占有关中，以取得他原来应得的关中王而已，我看他仍不敢轻易东向而进入中原。"

他还特别将齐王田荣和魏王豹联合造反、昭告天下的文件同时交给项羽，并表示齐国将联合赵国和梁国来共同对抗楚国，这股势力将比同是楚国出身的汉王刘邦的军队，对项羽威胁更大。

项羽详细分析天下可能的变局后，仍评估刘邦不致构成太大威胁，因此无意以大军来围堵关中，反而积极准备北伐齐国。

若依项羽分封，原燕王韩广应移居辽东，而由亲项羽的燕将臧荼为燕王。但韩广却不愿到辽东去，臧荼举兵突击之，韩广战死，臧荼乃合并燕国及辽东国。

齐国强人田荣的力量席卷齐、赵、魏三地，刘邦又占领关中，不禁让项羽感到中原有动乱再起之虞。

攘外必先安内，让项羽最担心的是仍拥有部分楚国长老支持的义帝楚怀王。

公元前 206 年九月，项羽派遣亲信跟随义帝到郴，不断借机离间其群臣，使楚国部落长老团支持义帝的心态开始松动。

公元前 206 年十月，项羽便下令临江王共敖、衡山王吴芮、九江王英布联合袭击义帝，并暗杀之于长江中。

至此，项羽已彻底整合长江以南的诸侯势力。

陈馀在得到齐王田荣支持后，举兵袭击常山王张耳。两位原本为刎颈之交的难友，此时正式兵戎相见。

张耳兵力不足，不敢坚守，乃引军投奔有老交情的汉王刘邦。刘邦在废丘接待张耳，并以诸侯礼厚待之，常山王的军团也正式合并于汉军阵营中。

陈馀引回代王赵歇，复任为赵王，赵王则将原来的代国分封给陈馀。陈馀以赵王的声望不足为由仍留在赵都襄国以辅佐赵王，而命夏说为相国治理代地。

在韩国的张良确认项羽已全力部署北征计划后，便暗中由韩国进入关中，重行投奔刘邦，刘邦也封张良为成信侯。由于张良身体状况一直不佳，刘邦便不为他编组独立军团，而任命他为个人的参谋大臣，直接随从在刘邦身边。在张良的策划下，刘邦率军出函谷关，镇抚关外的秦部落长老，争取他们的支持。

这段期间，天下大势已有很大的变化。东方的田荣势力席卷原齐、赵、梁地；刘邦拥有原秦国势力范围，韩地也在其掌握中；项羽则重新整合楚国版图，并拥有原梁国的精华区。

三大阵营，形成三分鼎立之势。

楚汉相争

项羽听说刘邦逃到了成皋，便率军紧追不放并包围了成皋。成皋城池的坚厚程度，比不上荥阳的十分之一，根本无法抵抗楚军。刘邦只得继续逃，逃出成皋北门后，刘邦马不停蹄地逃到修武，之后又逃到了韩信和张耳的军中。

陈平归汉

见项羽已经中计率军去攻打齐国的田荣，刘邦立刻率军杀出了函谷关，这时，河南王申阳也已投降刘邦。

刘邦先是派韩信攻占了韩国，随即率军压向魏国，魏王魏豹见就剩自己一个人抵抗刘邦了，为免百姓遭受兵祸，魏豹不得已向刘邦投降。

魏豹投降刘邦后，处于魏国和赵国之间的殷王司马卬为了自保，也宣布起兵反楚。听说殷王司马卬也造反后，项羽大怒，立刻派信武君陈平和魏咎的门客率军攻打司马卬，司马卬打不过陈平，选择了投降。

陈平是有名的美男子，胸藏奇计。陈胜起义时，陈平先是投靠了魏咎，后来遭受谗言被迫离开。巨鹿之战胜利后，项羽率军西进，陈平便在半路上投靠了项羽，然后跟随项羽入关。这段时间，陈平建立了一点军功，所以项羽分封诸侯时，封陈平为平爵卿。此后，陈平始终跟随在项羽身边，并最终被项羽封为信武君。

殷王司马卬投降后，陈平没有问其谋反之罪便乘车返回。项羽知道后，派项悍拜陈平为都尉，赐金二十镒。还没等陈平再见到项羽，刘邦就突然率军杀过黄河，俘虏了司马卬。陈平听说项羽知道司马卬被刘邦俘虏后大怒，将要诛杀之前平定殷国的人。陈平心想，这次攻打司马印，我是主将，项王真的要问罪的话，肯定先找我。陈平越想越害怕，就将金子和将印交给部下，托他们带回去还给项羽，自己则只身离去。

陈平逃出后，搭船渡河，船夫是个见财起歹意的家伙，他见陈平腰悬宝剑，衣衫楚楚，以为陈平是位怀财逃亡的兵将，便打算将船撑到河中心时下手抢夺。陈平见船夫眼露贼光不住偷看自己，就知道了船夫的心意。为了保命，陈平将上衣解开露出胸膛坐在船上，船夫见陈平身上并没有藏着钱财，才收回了歹意，平安地将陈平送到了河对岸。上了岸后，陈平就跑去投降了刘邦。

史书上虽然记载陈平是因为项羽发怒了，怕自己受到诛杀才逃去了刘邦阵营，但真相果真如此吗?有点令人怀疑。因为项羽发怒的话也是该发刘邦的怒，没理由发陈平等人的怒，陈平又不是战将，也没有勾结敌军，没有能力守住殷国或保证殷国不投降是很自然的事情。项羽虽然经常好“大怒”，但不是个是非不分的人，他干吗想要杀陈平等人？这个项羽大怒将要诛杀平定殷国功臣的消息，很可能是刘邦放出来的。刘邦可能是看中了陈平的才能，所以用了一招离间计，让陈平离开项羽跑到了自己阵营。刘邦之所以能确定陈平不会投靠别的诸侯而选择投靠自己，是因为陈平当时逃离楚军：一是不敢投靠和楚国关系好的诸侯国；二是战乱导致远行不安全，要选择一个诸侯就近投靠；三是要投靠求贤的诸侯，并且是实力比较强大的。满足这些条件的当然就只有刘邦了。

陈平到汉军军营，见了刘邦后，刘邦问陈平：“在项羽那儿你做什么官?”“回汉王，臣在项王那里做都尉。”陈平回答道。刘邦道：

"好，那到我这儿你也先做个都尉吧！"

就这样，陈平成了刘邦的谋士。在未来的楚汉相争中，陈平将起到至关重要的作用，甚至决定了鹿死谁手。项羽因为太过相信自己的勇武，让第二位可以左右天下形势的重要谋士又跑到了刘邦阵营，实在令人惋惜。

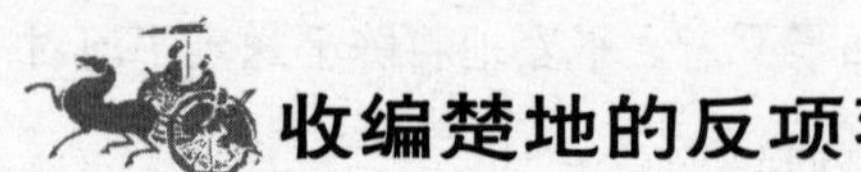

收编楚地的反项羽势力

刘邦的军队出关中以来，除了陈馀的赵国残部外，中原各诸侯纷纷归顺，统有三分之一的天下。

东方的齐国已成无政府状态，项羽的主力楚军则陷于齐地的游击战中，虽以项羽的善战勇猛，却仍无法在短期内恢复这个地方的秩序。

黄河以南的楚国势力，表面上仍在项羽的管辖下。但就如早年的楚国联盟体系一样，楚地各诸侯对项羽的忠诚度并不特别高，特别是原本支持义帝的楚国西半部部落长老更显现不安的情势。

张良建议刘邦应迅速统合这股反项羽的势力。

因此，刘邦下令进入中原和楚国交界的政治中心洛阳，准备向楚地进行政治喊话。

为维持进入关中时的形象，刘邦下令军队所到之处不可扰民，严格遵守军纪。这和春秋战国以来"因粮于敌"的作风完全不同，因此地方长老对刘邦颇为感激和支持。

张良也顺势安排了一场强化形象的“政治秀”。

他让洛阳新城区的三老董公遮挡在刘邦行进车队前，进言道：“顺应道德者昌，逆应道德者亡，而且师出无名，是很难成功的，所以一定要指出敌人的祸害，才能有力地征服敌人。如今项羽无道，杀其主义帝，此天下人之大贼也，应公开指责其罪行。所谓仁者不靠勇力，义者不必暴力，大王应该立刻率领三军之众为义帝挂孝，并向诸侯宣告讨伐项羽。如此，四海之内无不仰慕大王之德行，这便是商汤、周文、武王的义举啊！”

刘邦知道义帝一向支持他，因此对义帝也有些感情存在。但当年自己地位不高，和义帝间交往不深，义帝被杀害的震撼对他来讲，其实并不算太强烈。只是这是事先安排好的“政治秀”，他自然要好好表现一番了。

因此，刘邦立刻宣布为义帝发丧。他脱掉官服，露出白色内衣表示哀悼，并且举行祭典，号啕大哭了三日，果然激起楚地各部族不少同仇敌忾之心，也使他们对项羽的排斥心更强了。

刘邦更向全国各地发出檄文表示：当年各诸侯共立义帝，北向而臣服之，如今项羽在江南杀害义帝，真是大逆不道。于是寡人发动关中军民，更得到河南、河内、河东诸侯支持，将渡过长江、汉水，南下征伐项羽。希望各诸侯能共同出兵，讨灭这个残杀义帝的不义贼人。

这篇檄文并无冗长的理论和高调，十分简明有力。文中，刘邦将自己设定为陪伴大家共同征伐的角色而非领导者，这样反而容易得到大家的支持。因为只要响应热烈，刘邦自然就成为领导者了。以为义帝复仇作主题，也充分显示自己不是楚国的敌人，反而是认同楚国的

一分子。天下的敌人不是楚国，而是残杀义帝的楚国叛贼项羽。刘邦这个品牌定位的确够高明。

从今以后，将是忠于义帝的楚国庶系之刘邦，联合天下诸侯共同对抗残杀义帝的楚国嫡系之项羽的局面了。

除了项羽本部，协助项羽杀害义帝的九江王英布、衡山王吴芮和临江王共敖外，楚国的部落都有可能响应刘邦号召共同对抗项羽。甚至连这三个项羽死党也都因为怕犯众怒，而不敢再过分表现维护项羽。

日后进攻彭城的时候，刘邦军队几乎如入无人之境，此一策略的成功应是最主要的因素。

进攻彭城，直捣项羽巢穴，为了和项羽展开决战，刘邦必须更努力地整合北方的势力。

于是他派遣使者去和赵国的强人陈馀谈判。陈馀在田荣战死后本已心慌意乱，又见到张耳投奔刘邦后颇受礼遇，心中更为不安。他之所以不肯归附汉军，主因便在于此。既然刘邦主动邀请他，陈馀便顺势提出要求："请汉王杀害张耳以表示诚意，我立刻就归附。"

刘邦自然不会杀害张耳，但为了尽快拉拢陈馀，他竟然找到一个长相类似张耳的死囚，斩其头送给陈馀。陈馀也不疑有他，便派兵加入刘邦的南征军团。

然而，从刘邦拉拢陈馀的事件中也显出由于急着整合，刘邦阵营的集结意识显得粗糙而薄弱，因此人数虽在快速膨胀中，内部的整合却一天比一天地困难。

进入汉中时，若加上项羽派来的楚军，刘邦的军团人数是三万人左右，沿途流亡及逃回中原的大约有三分之一，也就是说最后的核心部队只有两万上下。

在南征时征募的军队，在韩信的编组下又恢复到三万左右，除了留守一部分兵力外，其余几乎都已倾巢而出，进攻关中了。

在关中补足的军力，以秦人为主。秦国在皇室政权崩溃前夕损失惨重，所以兵力非常有限，估算能够集结的武力仍不到三万，若加上原有部队人数，只有六万不到。

然而项羽光是征齐的主力部队便有十万之众，留在楚地的守备人马则应有两倍以上。以刘邦的关中军去和项羽争天下，无疑是鸡蛋碰石头了。

因此刘邦大量集结诸侯的兵力，根据史料记载，进入洛阳时的刘邦阵营兵力已高达56万之多。直属部队不到十分之一，联盟军却有十倍之众，最辛苦的应算是总指挥韩信了。

刘邦忙着应付来归附的诸侯、角头，光是开会及饮宴便足以让刘邦忙得团团转。

张良和陈平则忙着沟通及协调这些军团领导间的意见，让他们勉强维持表面的团结。

补给上由镇守关中的萧何负责，由于他手上有全国各地粮仓的资料，所以在粮食的分配及提供上还不算太困难。

韩信最不好受了，自己本身便是空降部队，要想完全指挥得动樊哙、灌婴和周勃等主力部队军团已不太容易，又得面对这数十万临时整编的“外籍军团”，光是军纪的维持就够伤脑筋了。

“必须有个共同目标，否则军心一定会涣散的！”

韩信不断和张良等人商量，并向刘邦提出建议。

刘邦面对这个庞大的杂牌军，的确也有点束手无策，只能坦白表示：“你们认为如何才能集合众志呢？”

韩信断然表示："火速进攻项羽的大本营——彭城。"

进攻彭城，等于和项羽势力面对面决战。

刘邦实在没有自信，心理的准备也尚未完成。

但韩信认为只有一个艰困的目标才能提高大家的共识，建立危机意识。

张良和陈平也赞成韩信的看法。

项羽和其主力部队仍停留在混乱的齐地，彭城的守备力势必深受影响。

田荣战死后，其弟田横收拾残军数万人，坚守在东南淮州的城阳，并拥立田荣之子田广为齐王，指挥各地的游击队和楚国周旋到底。

齐地是兵法家的发源地，因此齐人作战一向斗智不斗力，勇猛的程度虽较差，但打游击则是第一流的。项羽虽亲率主力前来征伐，也很快击溃田荣的主力军，田荣甚至不久便为乱民所杀。但接下来的战役，就如同拳头击入棉花团中，一点力量也使不出来，使猛勇的楚军主力有如掉在泥滩中，尝尽寸步难行的痛苦。

当刘邦主力进入外黄时，盗贼出身的魏地大角头彭越也率领属下三万多人前来投奔。

由于彭越已占领魏地数十个城镇，刘邦便以魏王魏豹重新复国，并以彭越为魏相国，全力收编项羽在梁地的部分势力。

彭城大战

公元前205年三月，刘邦率领五十六万大军浩浩荡荡地向彭城杀来。刘邦认为项羽正陷在齐国不能抽身，自己可以轻松拿下几乎是没有防守的彭城，只要占领了彭城，项羽就无家可归，只能是死路一条，或者选择投降。不过，刘邦清楚，以项羽的为人，肯定不会投降。

项羽闻听刘邦就快率军杀到彭城，便命众将继续攻打齐国，他亲自率军三万回援彭城。就在项羽还在日夜行军赶回彭城的路上时，刘邦已经攻下了彭城。

四月，刘邦率军攻入彭城，将项羽宫中珍宝搜刮一空，大肆奖赏众将。刘邦认为这次项羽肯定是死定了，只要他撤军回救彭城，就会陷入齐军和汉军的两面夹攻之中，必败无疑；而如果他不从齐国撤军的话，那么他就只能眼睁睁看着楚国灭亡，同样是死路一条。

因此刘邦和他的将领们沉浸在巨大的喜悦之中，日日宴饮庆祝。连张良、韩信、陈平这些当世无双的谋士都认为项羽已经走入绝路，再也无回天之力了，因此他们都没有劝谏刘邦节制享乐，而是同样开怀畅饮，纵情声色起来。

项羽一路疾行，数日便已赶回彭城。回到彭城附近时，正是凌晨时分，项羽先指挥军队将萧（今安徽省萧县西北）的汉军击溃，然后分兵至彭城的西面和南面切断汉军的退路，形成包围之势。天将大亮之时，楚军喊杀声四起，项羽亲自率军向汉军发动猛攻。汉军很快反应过来，积极应战。楚军在项羽的率领下，再次展示出在巨鹿之战时的那种强悍勇猛，短兵交接了一阵，汉军便被楚军的威势所吓倒，无心再战，纷纷边打边逃。但五十六万大军，想逃走谈何容易，而且退路又被楚军切断。如果可以，汉军士卒恨不得立刻就扔掉兵器举手投降，但楚军早已杀红了眼，见着汉军不管如何，只是不住地猛砍狂刺。这一仗，从早上一直打到中午，汉军扔下十多万尸体后，终于逃出了彭城。

刚逃出彭城不远，刘邦就被项羽的部将丁公率军包围，这时刘邦由于仓促逃跑，没有和他的大军在一起。刘邦只能带着少数护卫硬着头皮交战，眼见就要被活捉了，刘邦直接去找丁公打斗，打斗间隙，刘邦对丁公说道："你我都是贤者，岂能都把对方往死路上逼?"丁公闻言立时起了私心，决定卖个人情，竟然和刘邦开始打假仗，下令军队缓攻，结果放跑了刘邦。刘邦逃过一死后，收拢败军向西逃去。

项羽根本不给刘邦喘息的机会，继续率军追杀，在睢水岸边，楚军又是一阵冲杀，汉军哀号不断，最终十多万人被楚军逼进了滔滔的睢水之中，淹溺而死，尸体沉积，竟然将睢水都截断了。

刘邦在樊哙、夏侯婴等大将的护卫下拼命狂逃，但最后还是被项羽率军包围。楚军将剩下的汉军包围了三圈，刘邦等人眼见就要被楚军剿杀干净。这时，忽然从西北方刮来一场遮天蔽日的沙尘暴，将楚军军阵刮得大乱，包围圈被风暴撕开了一个口子，刘邦见状，赶紧带着十数名部下逃了出去。

假如没有这场大风，刘邦必死无疑了。刘邦觉得自己简直就是从

鬼门关爬了出来，他虽然曾经跟随过项羽打仗，却没想到原来项羽是这么厉害，自己的五十六万大军竟然被人家三万人马打得落花流水，几近全军覆没。

刘邦逃出包围圈后，就飞马回到沛县，打算带家人一起逃命，但他父母和老婆孩子都已经自行逃走了，家里一个人都没有。刘邦只好自己带着几十名部下向西奔逃，半路上让他遇到了走散的女儿和儿子。谁知道，刚把一双儿女拉上车，楚军的骑兵就追杀过来了，刘邦一面让驾车的夏侯婴拼命鞭打马匹，催促快跑，一面命护卫们去后面阻挡追兵。为了让马车跑得更快些，刘邦竟然数次将儿子和女儿推下车，幸好夏侯婴不顾刘邦的命令将两个孩子捡回车上。在部下的拼死护卫下，刘邦终于逃掉了，可是只剩下十几个人跟着他了。刘邦真是哭笑不得，五十六万大军到最后竟然只剩下十几个人。

楚军虽然最后没有追上刘邦，但却抓到了刘邦的老婆吕雉和父亲刘太公。项羽没有难为他们，只是将他们软禁在军营之中。

彭城大战的胜利，再一次让天下诸侯们见识到了项羽的无敌霸气，于是那些投降刘邦的诸侯又纷纷向项羽臣服。

就在项羽和刘邦大战之时，田横趁机收复多座城池，拥立田荣之子田广为齐王。

英布反叛

修整一番后，项羽乘胜率军西进，继续追杀刘邦。刘邦一直逃到下邑（今安徽省砀山）才收住脚，驻守下邑的是他的大舅子。刘邦听说项羽亲自率军西进，知道无法抵抗，非常忧虑。张良建议和彭越联盟，并且派人去策反九江王英布。

刘邦便派了一个叫随何的人去游说英布反叛项羽。其实，英布是项羽帐下数一数二的猛将，项羽视其为心腹，本是极难策反的，但如今英布已经和项羽有了嫌隙。

英布是个脸上刺字的囚徒，秦末时聚集了千余人在山里做山大王，后来归顺了项梁。项梁战死后，英布就一直跟随项羽征战，立下了汗马功劳，被项羽封为九江王。

但英布是典型的可共患难不能同富贵的人，成为九江王后，英布便不想再去拼命，因为荣华富贵已经得到了，再去拼命对他来说就没什么意义了。项羽完全不知道英布的想法，认为他们君臣间的恩义和情义不会随着身份的不同而改变，可是他错了。

刘邦的使者随何到了九江后，英布只吩咐人对他好生招待，并不亲自接见。英布当然知道随何的来意，此时刘邦刚刚经历大败，他不想投靠一个弱者，可是如今又跟项羽有了嫌隙，也不能不为自己留后路。所以，英布一直踌躇着，拿不定主意要不要见随何。

三日之后，英布终于接见随何，他想听听随何到底说些什么。随何游说英布说：“大王与项王一样位列诸侯，却以臣子礼侍奉项王，不过是因为楚国强大，大王欲引为依靠。但是之前项王亲率大军攻齐，身为士卒先，大王本应尽起九江之兵为项王先锋，可大王却仅派了四千兵马助战。当汉王攻打彭城之时，项王困于齐地，大王亦应亲率大军援救彭城，奈何大王却拥兵十数万众，不派一人驰援，却坐观成败。身为臣子，将国家托付给人家保护，有像大王这样的吗？大王徒有亲附楚国之空名，却冀望一旦有难就得到楚国的保护，臣以为世上根本没有这么便宜的事情。大王之所以不肯背叛项王，不过是看到楚强而汉弱，但事实却并不如此。楚军之强，在项王一人而已，且楚军又有诛杀义帝的不义之名。今项王转战千里而攻汉王，首先输运军粮就是个大难题，相反，汉军却以逸待劳，可以就近食用敖仓之粮。时间一长，楚军就会支撑不住，汉军便会由弱转强。只要大王肯以九江反于楚军之后，项王必定为之缓攻汉军，只要拖上几个月，汉军必能大败楚军。到时，汉王一定划出大片土地封给大王，整个淮南必能为大王所有。为自身计，愿大王早做决断。”

怀有二心的英布果然被这一番说辞说动，当即答应投降刘邦，但要求随何对此事先严守秘密。随何知道，英布还是没有痛下决定，仍想首鼠两端。

就在此时，项羽派来催兵的使者也在九江。项羽认为要想一举歼灭刘邦，光楚国的军队根本不够用，所以连番派人催促英布带领九江兵北上增援，但英布一直借病拖着。

这天，英布正在会见楚国使者，随何知道后，硬是闯了进来，并

高声对楚国使者说："九江王已经归顺汉王，怎么还会为楚国发兵呢?"楚国使者大惊，英布被吓得一愣。

楚国使者责骂英布道："英布，你敢背叛项王？忘恩负义的小人!"

随何撺掇英布道："事已至此，赶快杀了楚使，尽快起兵与汉军夹攻楚军!"

英布这回骑虎难下只得拔剑杀掉了楚国使者，并起兵攻打楚国，英布这个卑鄙而愚蠢的家伙终于在最关键的时刻在项羽背后扎下一刀。

得知英布反叛的消息后，项羽不得不放缓对刘邦的攻势，派遣项声和龙且率军南下进击英布。数月后，龙且大败英布，英布本想带领残兵败将去投靠刘邦，但率领军队转移的话目标太大，英布怕被龙且追杀，所以扔下部下只身跟随随何去投降刘邦。

项羽受英布拖累，不能全力对付刘邦，使得刘邦得以喘息，收拢败兵，又得到萧何从关中送来的新兵，令刘邦又聚集起数十万大军。

假使英布忠心无二，亲自率军前来增援项羽，刘邦必死无疑，历史也将改写。

反间毒计

前有韩信阻挡，后有英布造反，项羽因此受阻于荥阳附近，不能再前进寸步。

围绕着荥阳这块至为重要的战略要地，项羽和刘邦对峙了起来，这一对峙就是长达一年多。

刘邦死守着荥阳城，修筑甬道直通敖仓，取食敖仓里面的粮食。为了迫使刘邦决战或投降，项羽派军集中攻击甬道，来切断汉军的粮道。尽管刘邦不断派重兵防守甬道，但甬道还是屡屡被项羽切断，所以刘邦大军经常是三根肠子闲着两根半——忍饥挨饿。

项羽其实也不怎么好受，他的军粮也是勉强够用。身为两军主帅的项羽和刘邦都在进行着最后的意志较量。

最终还是刘邦先挺不住了，他怕军士们长久忍饥挨饿的话，即使不逃跑，也迟早会连兵器都拿不起来。于是刘邦派人向项羽求和，请求两国以荥阳为界，荥阳以西为汉所有，荥阳以东为楚所有。

一年多的鏖战，项羽也很疲惫，而且粮草也不足了，便打算准许刘邦的求和。但一向清醒的范增却坚决反对道："如今正是汉军最脆弱的时候，荥阳旦夕可破，大王万万不能功亏一篑，应该加紧对荥阳的攻势。如果准许刘邦求和，那可就是再次放虎归山了，大王不要再

犯鸿门宴时的错误啊！”

项羽恍然道：“亚父提醒的是，这次一定要将刘邦彻底除掉，不然可真是后患无穷！”

于是，项羽下令加紧围攻荥阳。

刘邦见项羽不仅拒绝了自己的求和请求，反而加紧了攻势，心中大为恐惧，寝食难安。刘邦向陈平问计，陈平献计说：“项王为人恭敬仁爱，廉节好礼之士争愿归附。至于封赏之事，却显得吝啬，很多有才能的人也因此不去投靠。而大王为人却粗慢少礼，廉洁之士因此不来归附。但大王能够轻易封赏，所以那些奸猾势利无耻之徒都愿意来投靠大王。如果能去掉两者之短，兼有其两个长处，必能一统天下。可是大王喜欢肆意侮辱人，看来很难做到兼有两长，招徕廉洁之士。所以我们就只能削去项王之所长，如今项王的骨鲠之臣不过是亚父、钟离眛、龙且、周殷数人而已。大王如果能够拿出数万斤金，行反间之计，离间项王与亚父及众将关系，使他们自相疑忌诛杀，大王到时举兵而攻之，必然能够大破楚军。”

刘邦笑道：“好，就用反间计，陈平我给你四万斤黄金，你去离间楚国君臣，事成后一定重重封赏！”

陈平道：“臣一定不负所望！”

陈平于是为刘邦大行反间之计，令人在楚军中散播谣言，宣称龙且、钟离眛等大将跟随项王征战多年，劳苦功高，本来都该裂土封王，但项王却对他们不加封赏，实在是有失公平。同时还散播谣言说钟离眛、龙且等大将都心中含有怨气，正打算投降刘邦，和汉军里应外合打败项王，然后将楚国瓜分，各自为王。

这些谣言在楚军中传得沸沸扬扬，起初项羽也没当回事，可是架不住谣言传得越来越凶，项羽心里不禁对亚父、钟离昧和龙且等人产生了猜疑。项羽为了印证自己的猜疑，就派使者到刘邦那儿去查探虚实。

使者拜见刘邦时，刘邦命人摆上丰盛酒肉招待，然后问使者："亚父可好？可有什么话要对寡人说？"

使者道："臣是项王使者，大王何故问亚父？"

刘邦即佯装大惊道："寡人还以为是亚父使者呢，原来是项王使者！来人啊，撤换饮食。"

在使者的愕然中，已经有人迅速将酒肉撤去，换上了一些粗糙食物。

使者受辱回到楚营后，就详细地向项羽叙述了自己的遭遇。项羽听后，忽然觉得孤独和心痛同时向他袭来，"难道亚父真的背叛了我？"项羽心中不住痛苦地问着自己，他不想相信，可是又觉得这很可能是事实。

为了慎重起见，项羽下令放缓对荥阳的攻势。范增知道后，立刻来责问项羽："大王为何下令放缓攻势？"

项羽冷冷地道："兵法云'不战而屈人之兵，善之善者也'，今我已切断甬道，刘邦军粮告竭，若急攻荥阳的话，刘邦肯定背水一战，我军士卒必多有死伤。故而不如缓攻，迫其投降。"

范增急道："刘邦狡诈，久藏争夺天下的野心，岂会轻易投降？军机瞬息万变，望大王急攻荥阳，数日之内攻杀刘邦！"

"亚父！"项羽道，"军事上的事你就先别管了，我自有主张。"

范增苦笑一声，既而怒道："看来大王已经听信谣言猜忌于我，罢了，罢了！如今大事将定，大王好自为之吧，就赐臣这把老骨头归

乡吧!”说罢，失望至极地拂袖而去。

望着范增离去的背影，项羽的眼泪忍不住滑落下来。

数日后，项庄听说范增愤恨地离开了军营，赶紧来见项羽，对项羽说：“大王，为什么亚父走了?”

项羽犹豫了一会儿，回答道：“之前我派使者去见刘邦，刘邦误以为是亚父的使者，因此盛情款待，可是当知道是我派去的使者后，便撤去美食，以粗粮招待。再加上如今军中盛传亚父怨我不能对他裂土封王，一直心怀不平。我怕他会在这个关键时刻勾结刘邦，那我就必败无疑了。”

项庄急切道：“谣言岂能当真啊大王！亚父七十多岁时出山辅佐叔父，然后又辅佐大王，尽心尽力。当年熊心削夺大王兵权，亚父却始终对您忠心耿耿，帮助大王夺回兵权。况且大王应该清楚亚父为人刚直，对钱财美色都无所贪求，如今他已经快八十岁了，仍然跟随大王转战千里，不辞劳苦艰辛，难道真是为了裂土封王吗?”

听了项庄这一席话，项羽额头立时沁出汗来，大惊道：“糟糕，我可能中了刘邦的离间计！快去代我追回亚父!”

“诺!”项庄领命而去。

几天后，项庄一个人回来了，只带回了一个项羽最不想接受的噩耗——亚父怒火攻心病故了。

项羽悲痛地大哭起来，口中不断念着“亚父”，一拳将桌案击得粉碎，发誓道：“刘邦！我让你血债血偿！传我将令，全军为亚父服丧三日，三日后一战攻破荥阳，杀掉刘邦为亚父报仇!”

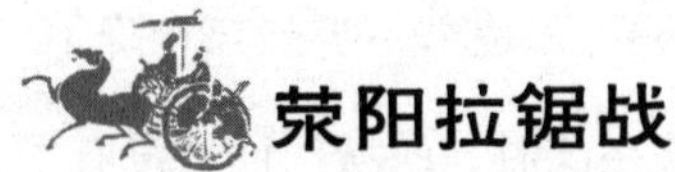

荥阳拉锯战

为范增服丧三日后，将士们都换掉了白衣，只有项羽、项庄等项家兄弟仍在铠甲外罩上白衣。

项羽将所有兵力集中，将荥阳城包围得水泄不通，挥剑下令猛攻。刘邦下令汉军殊死抵抗，楚军则不断拼死冲锋，因为荥阳城城高墙厚，汉军又有兵力优势，所以虽然勇猛无敌，但一时也难很快攻进城去。

楚军从早上攻城，一直激战到晚上，仍在不断冲锋，势必要攻杀进入。到了晚上，汉军和楚军都已经死伤累累，但楚军仍斗志旺盛，汉军则渐渐抵挡不住，荥阳城就快守不住了。

刘邦急得团团转，对陈平、张良等人说道："这可怎么办呢？项羽已经完全疯狂了，即使我现在投降，他也肯定会杀了我为亚父报仇。还有你们，你们也别想活命了。"

陈平沉思一会儿，说道："我有个计策可以助大王脱困。"

"快说，什么计策？"刘邦问。

陈平道："声东击西。大王将城中女子都集合起来，让她们穿上士兵的衣服，再让人假扮大王，率领她们从东门杀出，大王便可趁乱从西门遁走。"

刘邦大喜道："好，就用这个计策，快去布置吧！"

楚军点着火把连夜猛攻荥阳城，就在荥阳城快被攻破时，突然东城门大开，汉将纪信假扮刘邦率领两千女子假扮的军队杀了出来。楚军误以为真是刘邦，蜂拥着向东门围来，假刘邦坐在黄色屋车里，命人向楚军高喊道："城中粮尽，汉王投降了！"楚军一听刘邦投降了，立刻欢呼起来："万岁！万岁！万岁！"就在此时，西城门已经没有了楚军，刘邦和陈平等数十人狼狈逃出，乘夜色逃遁而去。

项羽打马来到城东门，对着黄色屋门道："汉王既然已经投降，何不出来相见？"

这时，纪信打开车帘跳下车来。项羽惊问："你是何人？"

纪信道："我乃汉王大将纪信也！"

"汉王何在？"项羽问。

纪信得意地笑道："汉王早已出城远去了！"

项羽闻言大怒，抢过身边一名军士的火把向纪信扔去，下令道："焚杀之！"于是上百只火把纷纷向纪信砸去，纪信深陷一片火海，哀号着死去。

这时，荥阳城东门和西门都已重新合上，刘邦留下御史大夫周苛、枞公和魏豹一同守城。

刘邦之前胁迫着魏王魏豹跟随自己去攻打彭城，从彭城大败而回后，魏豹又重新投靠了项羽。刘邦想打魏豹，却力不从心，就派谋士去游说魏豹投降。魏豹回绝道："人生一世，如白驹过隙，荣华富贵又算得了什么？汉王为人轻慢无礼，喜欢肆意侮辱别人，将诸侯臣下像奴隶一样骂来骂去，一点也没有君主的礼节，我不想再见他。"谋士将魏豹的这番话原原本本地回去告诉刘邦后，刘邦气得大骂起来，立刻派韩信率军攻打魏国，灭掉了魏国，将魏豹作为俘虏带到了荥阳。

刘邦没有杀掉魏豹，因为杀掉魏豹的话，他怕再招降别的诸侯就难了，所以就让魏豹做了御史大夫。魏豹整天面对着张口就骂人的刘邦，又从诸侯王一下子变成了小小的御史大夫，还得被迫和对自己有恩的项羽（项梁曾借兵给魏豹，助魏豹收复魏国）生死相斗，其痛苦可想而知。

可能是魏豹对刘邦表现出的厌恶情绪有点明显，所以周苛和枞公这两个刘邦的铁杆忠臣就暗里谋划道："魏豹是反复无常之人，向来亲附楚国，很可能会暗中投降楚军，与楚军里应外合袭取城池。为防意外，应该将其杀掉。"于是两人杀掉了魏豹。

烧杀纪信后，项羽继续率军攻打荥阳城，终于将荥阳攻破，周苛和枞公都被生擒。项羽见周苛甚有勇力，想收为己用，就说道："公为我将，我拜公为上将军，封三万户！"周苛骂道："我劝你还是早早投降汉王吧！你是打不过汉王的，迟早会成为汉王的阶下囚！"项羽大怒，下令道："拉出去，烹杀！将枞公一并斩首！"

刘邦连夜逃出荥阳后，一路狂逃到成皋。

项羽听说刘邦逃到了成皋，率军紧追不放，又包围了成皋。成皋城池的坚厚程度，比不上荥阳的十分之一，根本无法抵抗楚军。刘邦只得继续逃，逃出成皋北门后，刘邦马不停蹄地逃到修武，之后又逃到了韩信和张耳的大军中。

攻占成皋后，项羽本想将刘邦赶回关中消灭掉，但刘邦却没有回关中，而是跑到了赵国。原来，此时的赵国已被韩信用"背水一战"的狠招攻下了。韩信的井陉之战堪称经典。

井陉之战

话说刘邦在彭城大败后，退守荥阳、成皋，与项羽展开四年之久的楚汉战争。

刘邦依托有利地形，亲自在此组织战略防御体系，利用关中汉中之资，以及游击大师彭越在项羽必经之路骚扰粮道打一场持久战。

此时河北之地的诸侯皆背汉就楚，不但给刘邦的左翼造成巨大的威胁，而且严重的阻碍汉军迂回到项羽侧翼夹击的战略构想。韩信趁机请命北上扫荡诸侯，开辟另外一处新战场。刘邦虽然给萧何面子拜韩信为大将，但是对韩信的忠心以及带兵能力有所怀疑，所以一直未授予韩信兵权。此次攻魏，由于魏军主帅，将领都是平庸之辈，所以决定以韩信为主帅，带领手下大将曹参、灌婴击魏。韩信首战采用声东击西、避实攻虚、以木罂（木制容器）渡河的战术，漂亮的赢得了攻魏之战。

由于此战之功，刘邦对韩信的作战能力很满意，命韩信和张耳继续北上进攻赵国。韩信兵贵神速，以迅雷不及掩耳之势击败代军，杀代相夏说，断赵国一臂。

这个时候荥阳战况危急，刘邦收韩信之精兵以拒楚军威胁。而命韩信张耳带数万新兵攻赵，赵国显然比魏、代强大，又拥有地利，韩信处于从未有过的危机中。

很多人都忽略了井陉之战前韩信的军事部署以及冒险出击井陉的战略，大多数人被韩信头上神圣的光环所迷惑，而忽视当前形势以及韩信的前期布置。

大多人认为刘邦对韩信此战有很大的制衡作用，不但收其精兵，而且掉离其大将职位，要不是韩信出色的军事能力，此战必为败局。其实不然，刘邦收韩信精兵是因为荥阳危机，如果主战场失利，次战场怎么样辉煌都无法挽回其败局，所以有主要次要之分。而刘邦对此战并未忽视，不但派熟悉赵国实情的张耳辅助韩信，亦有常山守将张苍加入。张苍擒杀赵国主帅陈馀，立下赫赫战功！而刘邦的亲信头号大将曹参亦带领自己的军队参加对赵作战。

面对数量的差距以及进攻地理的险恶，为何韩信还要强行深入敌境进攻赵国呢？韩信有不得已的苦衷，此时的大环境下，刘邦依靠地利苦苦抵抗项羽一波又一波的攻势，而刘邦所寄予厚望的英布，难挡项羽的围剿，渐渐到了尾声。此时如果不迅速拿下赵国，等项羽灭英布缓过兵力后，派军队与赵国合击韩信，韩信难逃两面夹击的局势。而韩信在平定赵国后不久，果然遭到项羽的奇兵渡河偷袭。

韩信面对如此险峻的形势必然要冒险进入赵国境内和赵国的主力进行决战，而持久战或是击溃战都对自己有极大的不利，韩信要做的是一战击溃赵国主力，使赵国再无能力抵抗汉军。韩信此时面临第一次也是一生中最危急的形势。

一是兵力的悬殊。

韩信在击败代军后，精兵被刘邦带走，此时韩信张耳只有兵力数万，至于韩信兵力确切的数目不详，但是从后面战争中韩信派万余人

背水成阵，自己带军诱敌，又埋伏两千骑兵，可以推测韩信当时应该有三万人左右的军队，这个数字远远少于陈馀的赵军。韩信如何利用有限兵力击败对方的优势兵力成了问题。

二是军队战斗力严重不足。

韩信此时的军队大多是新兵，可以说是“兵不知将，将不知兵”，军队有多少战斗力，韩信没有任何把握。而且这支军队缺乏冷静，对胜利对主将都抱有怀疑的态度。而这种怀疑必然使韩信指挥起来无法得心应手，韩信的首要问题是如何安抚军心，如何激发士气。

三是长途深入敌境，面临险恶地势。

韩信此时是进入赵国，与赵国主力决战，必然面临孤军作战的局面，遭遇敌方难以克服的地理优势。陈馀的谋士李左车曾描述井陉的地势险要：“今井陉之道，车不得方轨，骑不得成列，行数百里。其势粮食必在其后。”如何不让对方利用优越的地理条件也是重要问题。

四是速战速决。

韩信面临的第四个问题是，迫于“国际”环境和自身条件，韩信要速战速决，用最快的速度一战击溃赵国主力，使其无法再对汉军形成威胁。所以韩信不但要胜而且要速胜。

五是侧翼的威胁。

韩信要主动东进进攻赵国，但是却面临北方的牵制和威胁。虽然韩信击败代军，杀主将夏说，但是赵别将戚将军依然守邬城，从侧面威胁韩信，韩信东进，很容易受到夹击。

韩信面临着种种威胁，首先解决的就是上述所说的第五条。《史记·曹相国世家》记载：“韩信与故常山王张耳引兵下井陉，击成安君，而令参还围赵别将戚将军於邬城中。戚将军出走，追斩之。”

解决侧翼的威胁后，韩信立刻挥兵东进，此时他已胸有成竹，关键之处在于助手张耳。

张耳和陈馀两人是刎颈之交，陈馀少年时把张耳视作父辈。后来陈胜起义，跟随陈胜，和张耳在北方开辟战线，共立赵王。之后由于巨鹿之战结怨，竟成仇家。项羽分封天下，因为陈馀未随入关，以致封张耳为常山王，而封陈馀南皮旁三县为侯。陈馀借田荣之卒，发南皮之士，偷袭张耳，一战而败张耳。张耳逃奔刘邦，陈馀迎立赵王歇，派属下夏说守代地，自己则亲自辅助赵王。

陈馀听说韩信和张耳攻赵，立刻派夏说南下牵制韩信，自己聚兵井陉。但是韩信首先攻破夏说，命曹参围赵别将戚将军，解决侧翼威胁后，东进进攻井陉。

但是陈馀却不是韩信那样高明的军事家，懂得扬长避短，自称儒者，义兵不用诈谋奇计。他凭借自己兵力上的优势骄傲自大，为自己埋下兵败身死之祸。

面对优势局面，陈馀谋士广武君李左车献计说："眼下井陉这条道路，两辆战车不能并行，骑兵不能排成行列，韩信、张耳的军队迤逦数百里，运粮食的队伍势必远远地落到后边，希望您临时拨给我奇兵三万人，从隐蔽小路拦截他们的粮草，您就深挖战壕，高筑营垒，坚守军营，不与交战。他们向前不得战斗，向后无法退却，我出奇兵截断他们的后路，使他们在荒野什么东西也抢掠不到，用不了十天，两将的人头就可送到将军帐下。希望您仔细考虑我的计策，否则，一定会被他二人俘虏。"

这个计策可谓毒辣有效，如果以此计而行之，就算不大胜亦不会战败，而拖延下去，只会对自己有利。但是陈馀却只知道仁义而不知

审时度势，选择最愚蠢的战术，全军在平野和韩信决战，而且怕韩信逃跑，不见韩信全军前来出战。

从上面看出，陈馀有好的计策不用，有好的地势不依，偏偏在最失败的时间、最失败的地点和最不应该打的敌人打了一场最失败的战争，而且妄想一战成名全歼汉军。他却不知道韩信早已作好周密部署。

韩信探听到李左车的计策未被采纳，大喜，这才敢引兵直下。

知道陈馀的计划和用心后，韩信对症下药，布置一个完美的陷阱等着陈馀跳下去。韩信派两千轻骑持赤帜，埋伏在山道中，授予其锦囊：明天作战的时候，我诱敌撤退，赵军肯定空壁追我，你们快速冲到大营拔掉赵帜换上汉赤帜。这里我们可以推测：韩信为何这么肯定赵大营空壁？是早就清楚赵军的布置还是深信自己的诱敌政策可以让赵军全部追击？我想以韩信的作战风格必然不会把胜利寄托在对方的愚蠢上，而陈馀出战连大营都不顾亦觉得过分愚蠢。我以为是韩信早有安排，或则大营中有其内应，骑兵到赵营后，立即里应外合。

第二天，韩信胸有成竹地告诉手下：“今日破赵会食!”属下不知道其奥妙，半信半疑，佯应曰：“诺。”韩信和张耳带士兵亲自诱敌。而派万余人至水东岸背水而阵，背水成阵可以保护自己的后翼和侧翼不受攻击，全力正面抵抗敌军的进攻，而且使对方的军队无法展开数量优势。最重要的一点是由于新兵军心不齐，而背水则无法逃跑，唯有奋力作战，才可死里求生，这样极大地激励士气。背水之战让人想起不久前项羽的巨鹿之战，同样是军心不齐，而破釜沉舟。都是属于“陷之死地而后生，置之亡地而后存”，不过项羽是激发求战欲主动进攻，而韩信则是激发士气拖住敌人。韩信早年曾经投靠项梁为兵，项梁死后归属项羽，项羽提拔其为郎中，作为近臣，随在项羽左右。韩信在霸上亡楚归汉，按行踪应该参加了巨鹿之战。想必其破釜沉舟的效用使韩信深有体会，韩信把它拿来活学活用可见高明。而另一个也经历巨鹿之战的陈馀见此却没有任何警觉，以为韩信不会用兵而轻视之，如此无长进乎，亦让人感叹！

待赵军出战后，韩信先是佯作迎敌，后主动撤退，把旗鼓丢在地上，退于背水阵中。赵军一面抢旗鼓，一面进攻背水阵，而汉军无路可退，死战当场。而韩信的两千骑兵迂回到赵军大营，拔赵旗帜，换上汉军的赤色旗帜。

赵军一时击败不了汉军就想回营（可见素质之差，没有老兵的坚忍性，全凭一时之气作战，典型的没有训练的新兵），此时却发现大营的旗帜变成汉军旗帜，立刻军心崩溃，四处逃散，主将连杀数人都无法维持纪律，汉军趁机反攻一举破赵军，接着追杀陈馀残军，张苍追杀陈馀于泜水上，汉军又擒拿赵王歇，赵国被韩信一举平定了。

韩信传令全军，不要杀害广武君李左车，有能活捉他的赏千金。于是就有人捆着广武君送到军营，韩信亲自给他解开绳索，请他面向东坐，自己面向西对坐着，像对待老师那样对待他。

众将献上首级和俘虏，向韩信祝贺，对他的韬略心服口服。

韩信又采用不战而屈人之兵的办法，派使者出使燕国，燕国听到消息果然立刻降服。韩信派人报告汉王，并请求立张耳为赵王，用以镇抚赵国。汉王答应了他的请求，就封张耳为赵王。

韩信还没来得及休整军队，刘邦就夺取了他的精锐军队另作他用，让他收集赵国的降卒去攻打齐国。

蒯通的提醒

大军被刘邦夺去，韩信虽然心中不快，但仍积极征调赵地军队，准备进攻齐国。他领兵向东进发，还没渡过平原津，惊闻汉王派郦食其已经说服齐王归顺了，他只好屯兵待命。

谋士蒯通规劝韩信说：“将军是奉诏攻打齐国，汉王只不过暗中派遣一个密使游说齐国投降，难道有诏令停止将军进攻吗？为什么不进军呢？况且郦生不过是个读书人，坐着车子，鼓动三寸之舌，就收服齐国七十多座城邑。将军率领数万大军，一年多的时间才攻克赵国五十多座城邑。为将多年，反不如一个读书小子的功劳吗？”

韩信认为他说得对，就听从他的计策，率军渡过黄河。

齐王听从郦生的规劝以后，挽留郦生开怀畅饮，撤除了防备汉军的设施。韩信乘机突袭齐国属下的军队，很快就打到国都临淄。齐王田广认为被郦生出卖了，就把他煮死，而后逃往高密，派出使者前往楚国求救。韩信平定临淄以后，就向东追赶田广，一直追到高密城西。楚国也派龙且率领二十万兵马，前来援救齐国。

齐王田广和司马龙且两支部队合兵一起与韩信作战，还没交锋，就有人规劝龙且说：“汉军远离国土，拼死作战，其锋芒锐不可当。齐楚两军在本乡本土作战，士兵容易逃散。不如深沟高垒，坚守不出。

让齐王派他的亲信大臣，去安抚已经沦陷的城邑，这些城邑的官吏和百姓知道他们的国王还在，楚军又来援救，一定会反叛汉军。汉军客居两千里之外，齐国城邑的人都纷纷起来反叛他们，那势必得不到粮食，这就可以迫使他们不战而降。”龙且说：“我一向了解韩信的为人，容易对付他。而且援救齐国，不战而使韩信投降，我还有什么功劳？如今战胜他，齐国一半土地可以分封给我，为什么不打？”于是决定开战，与韩信隔着潍水摆开阵势。

韩信下令连夜赶做一万多口袋，装满沙土，堵住潍水上游，带领一半军队渡过河去，攻击龙且，假装战败往回跑。龙且果然高兴地说：“本来我就知道韩信胆小害怕。”于是就渡过潍水追赶韩信。韩信下令挖开堵塞潍水的沙袋，河水汹涌而来，龙且的军队一多半还没渡过河去，韩信立即回师猛烈反击，杀死了龙且。龙且在潍水东岸尚未渡河的部队，见势四散逃跑，齐王田广也逃跑了。韩信追赶败兵直到城阳，把楚军士兵全部俘虏了。

汉四年（公元前203），韩信降服且平定了整个齐国。派人向汉王上书，说：“齐国狡诈多变，反复无常，南面的边境与楚国交界，不设立一个暂时代理的王来镇抚，局势一定不能稳定。为有利于当前的局势，希望允许我暂时代理齐王。”

这时，楚军在荥阳紧紧地围困着汉王，韩信的使者到了，汉王打开书信一看，勃然大怒，骂道：“我在这儿被围困，日夜盼着你来帮助我，你却想自立为王！”张良、陈平暗中踩汉王的脚，凑近汉王的耳边说：“目前汉军处境不利，怎么能禁止韩信称王呢？不如趁机册立他为王，很好地待他，让他自己镇守齐国，不然可能发生变乱。”汉王醒悟，又故意骂道：“大丈夫平定了诸侯，要当就当真王，干吗

要当代理王？”就派遣张良前往，册立韩信为齐王，征调他的军队攻打楚军。

楚军失去龙且后，项王害怕了，派盱眙人武涉前往规劝齐王，说：“刘邦不可信任，假若项王今天被消灭，下一个就该消灭您了。您和项王有旧交情，为什么不反汉与楚联合，三分天下自立为王呢？”

韩信辞谢说：“我侍奉项王，官不过郎中，职位不过是个持戟的卫士，言不听，计不用，所以我背楚归汉。汉王授予我上将军的印信，给我几万人马，脱下他身上的衣服给我穿，把好食物让给我吃，言听计用，所以我才能够到今天这个样子。人家对我亲近、信赖，我背叛他不吉祥，即使到死也不变心。希望您替我辞谢项王的盛情！”

武涉走后，齐国人蒯通知道天下胜负的关键在于韩信，想出奇计打动他，就用看相的身份规劝韩信，说：“我曾经学过看相技艺。”韩信说：“先生给人看相用什么方法？”蒯通回答说：“人的高贵卑贱在于骨骼，忧愁、喜悦在于面色，成功失败在于决断。用这三项验证人相万无一失。”韩信说：“好，先生看看我的相怎么样？”蒯通回答说：“希望随从人员暂时回避一下。”韩信说：“周围的人离开吧。”蒯通说：“看您的面相，只不过封侯，而且还有危险不安全。看您的背相，显贵而不可言。”韩信说：“这话是什么意思呢？”

蒯通说：“当今，刘项二王的命运都悬挂在您的手里。您协助汉王，汉王就胜利；协助楚王，楚王就胜利。我愿意披肝沥胆，敬献愚计，只恐怕您不采纳啊。您若果真能听从我的计策，不如让楚、汉双方都不受损害，同时存在下去，您和他们三分天下，鼎足而立，形成那种局面，就没有谁敢轻举妄动。凭借您的贤能圣德，拥有众多的人马装备，占据强大的齐国，迫使燕、赵屈从，出兵到刘、项两军的空虚地带，牵制他们的后方，顺应百姓的心愿，向西去制止刘、项纷争，为军民百姓请求保全生命，那么，天下就会迅速地群起而响应，有谁敢不听从！而后，割取大国的疆土，削弱强国的威势，用以分封诸侯。诸侯恢复之后，天下就会感恩戴德，归服听命于齐。稳守齐国故有的疆土，据有胶河、泗水流域，用恩德感召诸侯，恭谨谦让，那么天下的君王就会相继前来朝拜齐国。听说‘苍天赐予的好处不接受反而会受到惩罚；时机到了不采取行动，反而要遭祸殃’。希望您仔细地考虑这件事。”

韩信说：“汉王给我的待遇很优厚，他的车子给我坐，他的衣裳给我穿，他的食物给我吃。我听说，坐人家车子的人，要分担人家的祸患；穿人家衣裳的人，心里要想着人家的忧患；吃人家食物的人，要为人家的事业效死，我怎么能够图谋私利而背信弃义呢!”

蒯通说：“您自认为和汉王友好，想建立流传万世的功业，我私下认为这种想法错了。当初张耳、陈馀还是平民百姓时，结成刎颈之交，后来因为张黡、陈泽的事发生争执，二人反目成仇，都想把对方置于死地，这是为什么呢？祸患产生于贪得无厌而人心难测。如今您打算用忠诚、信义与汉王结交，一定比不上张耳、陈馀结交更巩固，而你们之间关联的事情又比张黡、陈泽的事件重要得多，所以我认为您断定汉王不会危害自己，也错了。“狡兔死，走狗烹”是天下常理。请让我说一说大王的功绩吧：您横渡西河，俘虏赵王，生擒夏说，带领军队夺取井陉，杀死成安君，攻占了赵国，以声威镇服燕国，平定安抚齐国，向南摧毁楚国军队二十万，向东杀死楚将龙且，西面向汉王捷报，这可以说是功劳天下无二。而计谋出众，世上少有。如今您据有威胁君主的威势，持有不能封赏的功绩，归附楚国，楚国人不信

任；归附汉国，汉国人震惊恐惧。您带着这样大的功绩和声威，哪里是您可去的地方呢？身处臣子地位而有着使国君感到威胁的震动，名望高于天下所有的人，我私下为您感到危险。”韩信说：“先生暂且说到这儿吧！让我考虑考虑。”

此后过了数日，蒯通又对韩信说：“能够听取别人的善意，就能预见事情发展变化的征兆；能反复思考，就能把握成功的关键。听取意见不能作出正确的判断，决策失误而能够长治久安的人，实在少有。听取意见很少判断失误的人，就不能用花言巧语去惑乱他；计谋筹划周到不本末倒置的人，就不能用花言巧语去扰乱他。甘愿做劈柴喂马差事的人，就会失掉争取万乘之国权柄的机会；安心微薄俸禄的人，就得不到公卿宰相的高位。所以办事坚决是聪明人果断的表现，犹豫不决是办事情的祸害。专在细小的事情上用心思，就会丢掉天下的大事，有判断是非的智慧，决定后又不敢贸然行动，这是所有事情的祸根。所以俗话说：‘猛虎犹豫不能决断，不如黄蜂、蝎子用毒刺去蜇；骏马徘徊不前，不如劣马安然慢步；勇士孟贲狐疑不定，不如凡夫俗子，决心实干，以求达到目的；即使有虞舜、夏禹的智慧，闭上嘴巴不讲话，不如聋哑人借助打手势起作用’。这些俗语都说明付诸行动是最可贵的。所有的事业都难以成功而容易失败，时机难以抓住而容易失掉。时机啊时机，丢掉了就不会再来。希望您仔细地考虑斟酌。”

韩信犹豫不决，不忍心背叛汉王，又自认为功勋卓著，汉王终究不会夺去自己的齐国，于是谢绝了蒯通。蒯通的规劝没有被采纳，就假装疯癫做了巫师。

成皋失守

项羽听说韩信已经攻占赵国，认为继续到赵国追击刘邦的话，战线会更长，而且韩信刚打了胜仗，士气旺盛，不宜立刻攻打。所以项羽打算乘虚西进关中，端了刘邦的老窝，让刘邦成为丧家之犬。可是项羽刚要率军西进，却接到军报说粮道被彭越切断了。

在项羽和刘邦对峙于荥阳之时，彭越便按照刘邦的指示率军攻打楚国的东阿，项羽派部将薛公去攻打彭越，却被彭越打败斩杀。之后彭越就带着军队不断地在项羽后方袭扰，项羽本打算消灭了刘邦再回去收拾彭越。但彭越打仗勇猛，兵力越来越多，一连攻下十多座城池，还切断了楚军的粮道。项羽不得不先回去解决掉彭越这个大麻烦。项羽命大司马曹咎率领主力驻守成皋，自己带精兵回去攻打彭越，临走前项羽嘱告曹咎说："一定要守住成皋，若汉军前来挑战，千万不要出去交战，只要阻止住汉军东进就可以了。我十五日必能平定彭越，到时再回军和将军一同击破汉军！"曹咎道："大王放心，臣一定死守住成皋等候大王回来。"

项羽率军先攻打陈留（今河南省陈留镇），陈留攻下后，又攻打外黄（今河南省民权县）。外黄叛军负隅顽抗，数日激战后才攻进城去。外黄的顽抗令项羽心怒不已，进了城后，项羽下令城中十五岁以上的

男子全部到城东集合，打算将他们全部坑杀。外黄县令属吏有个十三岁的儿子，这位少年听说项羽要坑杀城中十五岁以上男子后，前来求见项羽。

项羽奇怪一个十三岁的少年来见自己能做什么，就问道："小兄弟何事见我?"

少年道："大王，臣来请求你不要坑杀城中男子。大王西逐汉王之时，彭越恃强劫持外黄，外黄恐惧，不得已才降了彭越，外黄百姓日夜引颈盼望大王前来解救。今大王来，却欲坑杀百姓，百姓岂有归心？外黄以东，仍有十余座城池陷入彭越之手，倘若各城百姓听闻大王破城即行坑杀，恐怕就无人肯归顺大王了。"

项羽听了少年这番话，更加觉得惊奇，没想到一个十三岁的少年竟然有这般见识，实在是难得。项羽于是下令将准备坑杀的人全部赦免，重重奖赏了那位少年。

其他被彭越占据的十多座城池的百姓听说了项羽赦免外黄百姓的消息，项羽大军一到，都争相归顺，彭越见打不过项羽，狼狈逃去。

项羽收复洛阳后，本打算继续追杀彭越将其斩草除根，可是忽然接到消息：成皋失守，曹咎阵亡。

原来，项羽前脚刚刚离开，刘邦就带着军队杀回了成皋。刘邦将大军驻扎在广武，取食敖仓的粮食。敖仓本来是被楚军占领了的，但是刘邦率军回来后，就派大军将驻守荥阳的钟离昧围困，抢回了敖仓。

刘邦派人到成皋城下叫战，曹咎高挂免战牌不予理睬。刘邦知道自己时间有限，一旦项羽杀回来，就打不下成皋了，他还知道曹咎性情火烈，于是天天派人去挑战，曹咎始终不出一兵。刘邦没想到曹咎竟然能耐得住多番挑战，因此让部下去挑战时肆意辱骂曹咎、项羽和楚军。曹咎听着城外终日不绝的谩骂声，咬牙切齿地忍了五六天，终于再也忍不住了，下令打开城门，亲自率军出战。汉军见曹咎杀了出来，纷纷撤退，曹咎发疯似的追击，一直追到汜水仍不甘心，打算渡过汜水继续追击。曹咎下令军队渡河，刚渡到一半时，汉军突然杀回，早就埋伏好的伏兵也杀了出来，楚军大乱，遭到惨败。曹咎眼见中计大败，自觉无面目见项羽，乃拔剑自刎而死。刘邦随即攻占成皋。

项羽率军火速杀回，先是在荥阳城外大败汉军，解救了钟离昧，然后率军杀向广武。刘邦将广武军营修建得异常坚固，严守不出。项羽下令在刘邦军营对面扎营，针锋相对。

分一杯羹

项羽和刘邦在广武一连对峙数月，这一次对峙和上一次两人在荥阳的对峙情况完全相反。

荥阳对峙时，是刘邦被切断粮道，忍饥挨饿；这一次却是项羽被切断了粮道。切断项羽粮道的当然又是那个彭越。

上次彭越被项羽打败逃走后，等项羽率军离开洛阳到广武和刘邦对峙，彭越就率军又杀回来，重新将洛阳、外黄等城占领，切断了从江浙地区通往河南的粮道，并且彭越还截获了楚军的大批军粮转运给

刘邦。

刘邦这次不仅粮食充足，而且兵员也很充足，萧何在关中不断给刘邦运来兵马。

项羽想速战速决，但刘邦却一直拖着不打。项羽最后被逼迫得没办法，终于打起了人质的主意，不到万不得已，项羽实在不愿意用这招。因为用人质要挟人，对项羽来说实在有失光明，但为了尽早结束战事，早日带部下回家，他也只能出此下策了。

项羽先派使者进入汉军军营对刘邦说："身为人子，最重要的就是尽孝，如今汉王已经有两年多没对太公尽孝了，难道就不想念太公吗？只要汉王肯投降，项王马上将太公和王后送回来。到时不仅汉王可以与家人共享天伦之乐，两军将士也可休兵还乡与家人相聚，何乐而不为呢?"

刘邦笑道："既然项王已经代我赡养老父两年多了，也不在乎多养两年吧？我知道楚军军粮短缺，但项王仁义，定然不会饿到我的家人。回去告诉项王，等我这没吃的了，我再考虑投降。"

使者回来跟项羽说了见刘邦的情形后，项羽怒道："好，我倒要看看刘邦是不是真的狼心狗肺、不认生父!"

项羽命人在军前支起一口大锅，倒入半锅水，在锅底堆上木柴点火烧了起来。在大锅旁高高地支起一张大大的面板，然后两名军士将刘太公拉到面板前。

一直负责瞭望楚营的军士将楚军的奇怪举动告诉了刘邦后，刘邦出来站在高处看向楚营。只见一口大锅正冒着热气，一张大大的面板上摆放着大刀，而他的父亲刘太公就站在一边。

项羽远远地看见了刘邦，向刘邦喊道："刘邦！再不投降，我就将太公烹杀!”

过了会儿，刘邦也喊道：“我和你当年同为义帝臣子，以兄弟相称，我的父亲就是你的父亲！你想杀的话就杀吧，不过别忘了，煮熟了后派人分我一杯羹!”

刘邦此话一出，登时把项羽噎得够呛，半天才自言自语地骂道：“没想到世上还有这么无耻的人!”

这时，站在项羽身边的项伯进谏道：“大王，汉王与大王争夺天下，如果他顾家的话，就走不到今天。今日即使杀了刘太公也无益于事，只是徒增骂名罢了。”

项羽原本也不是真的要杀掉刘太公，听了项伯的话后，愤愤地转身回了军营。项伯吩咐军士将刘太公带了回去，看了看刘邦也转身回了军营。

项羽回到帅帐后，拿起酒便喝下一大口。虞姬走过来抓住项羽的手道：“大王，不要这样。”

项羽带着疲惫道：“虞姬，真想不到我项羽英雄一世，如今竟然做起了用人质威胁人的勾当。”

虞姬宽慰道：“大王，妾知道你只是想吓一吓汉王，其实军中上下都知道你对刘太公和汉王后很好，无论多艰难都没有亏待过他们。如今两国相斗，最苦的还是百姓和士卒。暴秦之时，百姓就深受苦难，等到诸侯起兵反秦，天下大乱，百姓更是处于水深火热之中。没想到大王分封完诸侯，还是战火连年。今日大王不惜遭受嘲笑逼迫汉王投降，无非也是为了尽早结束战争，让百姓和将士们不再饱受饥寒之苦。”

项羽也拉住虞姬的另一只手道：“放心吧，一切就快结束了。”

刘邦中箭

这样又过了一段时间，项羽决定邀请刘邦来一场公平的二人决斗，以此来定胜负，并签订和约。

项羽派使者给刘邦送去一封信，项羽在信中说：“天下扰攘数岁，民不得安宁，归根结底不过是因为你我二人相斗。既然是这样，不如你我二人决斗一场以定雌雄，不要再连累百姓受苦了。”

项羽写这封信的时候，其实没有考虑过他提出单挑的这个建议对刘邦来说并不公平。因为论武功，刘邦根本不可能是项羽的敌手，普天之下根本无人是项羽的敌手。项羽不是想故意占刘邦便宜，他其实想得很简单：既然是你刘邦和我两个人想争夺地盘和定立谁为君臣，那就两个人痛痛快快地打一场来决定就是了。打完了，决出胜负一签约，然后谁也不准再反悔，各自带兵回去，从此天下太平就完事了。

可是鬼心眼一向多的刘邦却认为项羽这是故意欺负自己单打独斗的本事不济，打输了的话肯定丢人，那还不如干脆投降呢。所以刘邦让使者回去对项羽说：“我喜欢斗智，不喜欢斗力。咱们还是继续斗智吧。”

项羽见刘邦又要无赖，就选派军中勇士到刘邦军营前挑战。汉军中有个军士叫楼烦，生得魁梧凶悍，精于骑射，他见楚军勇士在营外挑战，就拉开大弓一箭射去，将楚军勇士射死。项羽就派第二名勇士继续去挑战，又被楼烦射杀，接着项羽派出第三名勇士去挑战，结果还是被楼烦射杀。汉军观看的军卒都得意得叫嚣起来，项羽大怒，亲自披上铠甲，手持黑戟，骑马来到汉军营前。楼烦又欲张弓射箭，项羽当即瞪起眼睛冲其大吼一声，还在得意的汉军军卒被这一声大吼震住了，脸上的表情和身躯仿佛瞬间被凝固似的，好一会儿才回过神来。楼烦更是被吓得举着弓箭直哆嗦，本来正在瞄准的眼睛也不敢再接触项羽的目光，回过神来后，连忙带着其他人跑下壁垒躲藏了起来，再也不敢出来了。

刘邦在军营里听到一声震吼，急忙派人去查看，才知道那震吼原来是由项羽发出的，还听说自己那名射杀了三名楚军勇士的猛人楼烦竟然愣是被项羽给吓成了缩头乌龟，不禁大惊失色。这事在军中传开的话肯定会严重动摇军心士气，刘邦见项羽仍在外面挑战，就硬着头皮穿戴好盔甲前去会见。

刘邦站在壁垒上对项羽说：“项王好气魄啊，一声怒吼就把我从周公那里拉回来了，哈哈”

项羽微微仰头看着刘邦道：“废话少说，天下战火因你我而起，当由你我来结束，今天我们决斗一场，胜负各凭天命！”

刘邦狡辩道：“项王说错了，这不是你我之间的事，是天下人的事，你是罪人，我举义兵讨伐你，怎能跟你私斗呢？”

项羽怒道：“刘邦！战火是你先挑起来的，如今却说我是罪人，你实在太无耻了！”

刘邦笑道：“既然项王不服，那我就举出你的罪状，让大家听听来评评理。当初义帝与我们约定，谁先入关谁就为关中之王，寡人先攻入关中，你却违背约定，将我封在巴蜀那种鬼地方，这是你的第一

条罪状；义帝派卿子冠军宋义救援巨鹿，你却矫诏诛杀宋义，夺取兵权，这是你的第二条罪状；巨鹿之围解除后，你本该带着军队回楚国向义帝报捷复命，却擅自率领着诸侯杀进关中，这是你的第三条罪状；义帝告诫诸将入关后不能暴掠百姓，你却焚烧秦国宫殿，挖毁皇帝陵墓，私藏秦国财物，这是你的第四条罪状；杀害秦王子婴，这是你的第五条罪状；无故坑杀秦军降卒二十万于新安，却分封三个秦将为诸侯，这是你的第六条罪状；分封诸侯时，你将先前的诸侯王都迁到寒穷之地，却将丰饶之地都封给亲信将领，致使本身为臣子的都纷纷攻打其君王，这是你的第七条罪状；分封诸侯时，封给自己的土地最多，又夺占义帝的都城，吞并韩王的封地，这是你的第八条罪状；派人暗杀义帝，这是你的第九条罪状；坑杀降兵，为政不平、不信，天下所不容，大逆不道，这是你的第十条罪状。我率领义军与诸侯协力诛除残暴的贼人，就是你项羽，所以何苦与你单挑呢？”

如此一番大言不惭的胡说八道，气得项羽差点当场吐血，项羽抢过身边军士的弓箭，也没有瞄准，完全凭感觉快速射出一箭，“嗖”的一声，箭向刘邦飞去，直穿透盔甲没入刘邦胸口。刘邦大叫一声，但他不愧是猾贼中的天才，明明是射中了心口，刘邦却俯下身拔掉弓箭，抱着脚趾头探出头来冲项羽笑道：“项王箭法退步了啊，射中了我的脚趾头！”

没等项羽再说什么，刘邦就赶紧由军士扶着走下了壁垒。

项羽这一箭射得的确很猛，如果不是穿着盔甲，刘邦肯定必死无疑，即使如今有盔甲保护，刘邦还是受了重伤。于是汉军军营里流传起谣言，说刘邦被项羽射成重伤，有的还说被射死了。张良怕军心大乱，让刘邦强忍着伤痛巡视了军营一番，才算是安定了人心。

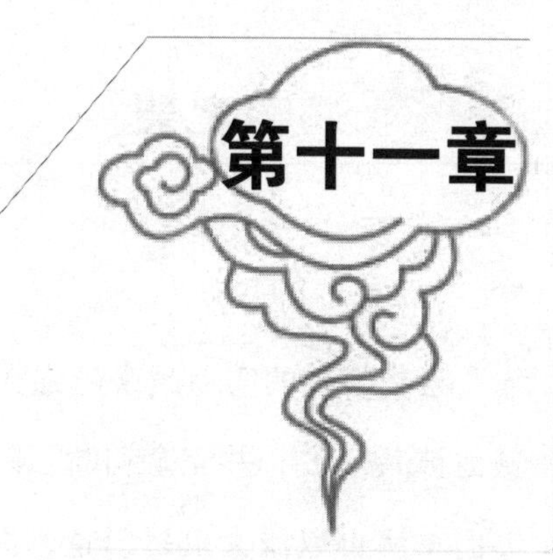

死亦为鬼雄

这时，乌江亭长正撑船等候在江边，项羽向他奔了过来。乌江亭长对项羽说：“大王赶快登船，现在乌江上下只有臣有船，汉军追来后，就无法再渡江追赶了。大王，江东虽小，犹有千里之地，数十万百姓，亦足以称王再争天下！”

鸿沟之盟

随着彭越的实力越来越强大，项羽背后的梁地已经有二十多座城池被其攻占，并完全切断了楚军的粮道。此时，项羽已经没有足够的军队可以派去攻打彭越，而军中储存的粮草也将近告竭。更糟糕的是，韩信已经开始率领齐军攻打楚国。项羽陷入了前所未有的困境之中。

因为项羽一直非常仁爱和体恤部下，所以即使在这种情况下军中也无人做逃兵，更没人想去投靠刘邦。

而刘邦经过一段时间的调养，也已经痊愈，其实和项羽恶战了四年已使刘邦疲惫不堪了，虽然此时他兵多，食多，但也已经是强弩之末。如果战事再拖下去的话，做汉军后勤的萧何也没能力再给刘邦支援了，而刘邦最担心的是，自己一旦和项羽打成两败俱伤，那么最得利的肯定是韩信，他对韩信没有多少信任。

此外，还有一样令刘邦很畏惧，他怕项羽真的到绝粮的时候再来一次破釜沉舟，那他可真没有把握能支撑得住。所以刘邦这次主动派说客陆贾去向项羽求和。

陆贾对项羽说："前时大王欲烹杀刘太公，汉王甚为恐惧，特遣臣来议和，请大王将太公及王后释放。"项羽道："当初我劝汉王尽早罢兵，接回太公，奈何汉王让我代他多奉养两年，如今又叫我送回太公。汉王如此反复，实在令我难以适从。”陆贾道：“大王以仁义称霸天下，岂有不让人尽孝之理？孝道为人伦之本，今大王挟持人父，不让人子尽孝，试问天下诸侯将如何看待大王？”

项羽道：“自古忠孝不两全，汉王既然选择为怀王尽忠，心中应当料到难能再尽孝道。当初我与汉王俱在彭城之时，确实皆为怀王之臣，但是当我诛杀宋义时，怀王已经拜我为上将军，诸将尽归我调遣。巨鹿一战，项羽救赵而迫使章邯投降之后，诸侯皆奉我为主，是以项羽率诸侯军入关，分封天下，义帝无功，徒有虚名，项羽才是天下真正的主宰。当时，汉王与诸侯皆向我称臣，当我东归彭城之后，汉王却反于巴蜀，攻占关中，岂非作乱之臣？假借为义帝报仇之名，行夺天下之实，愚弄诸侯，混淆公义，项羽实在不齿其为人！”

陆贾争辩道：“怀王乃汉王旧主，汉王屈于大王威势才奉大王为新主。汉王闻新主杀旧主，才起兵讨伐大王，汉王何罪之有？”

“哈哈哈……”项羽笑道，“你说错了，我才是汉王旧主，怀王乃新主。当初汉王为沛公，刚刚起兵反秦，被部下雍齿背叛，占据了丰城。汉王虽屡次攻打，仍难收回丰城，后来穷困投到我叔父项梁帐下，我叔父借兵五千，战将十人给汉王，汉王方能收回丰城。从此立足于沛丰之间纵横天下，终能裂土封王。以此观之，汉王实为我项氏家臣也！”

陆贾一时脸红语塞，半天才反驳道：“项梁乃怀王之臣，汉王投靠项梁，是如同投靠怀王，是为怀王之臣。”

项羽道：“你难道不知道吗？汉王投靠我家之时，怀王仍在牧羊，堂堂沛公难道就成了牧羊人的臣子？我不想再纠缠这些过往恩怨，你

回去对汉王说，送太公回去就一个条件——立刻投降，退回关中！”

陆贾笑道：“如今汉王兵多食足，大王兵少食绝，却让汉王投降，恕臣愚陋，臣从未听说过这么荒诞的事情。”

项羽道：“自我会稽起兵至今，大小数十战，哪一仗不是以少敌多？汉王不降，我绝不退兵！汉王也别想接回太公！你回去复命吧！”

陆贾见项羽已有怒色，不敢再言，赶紧拜辞离去。陆贾无功而返，令刘邦愁闷不已，张良和陈平也无计可施。一天，忽然一个姓侯的老翁来求见刘邦，说他能说服项羽与汉军议和，于是刘邦呼其为侯公，派其游说项羽。

项羽见这次刘邦的使者是一老翁，就特意吩咐军士端上一些比较软的精细食物招待。

项羽问侯公：“公为汉王前来游说，也是劝我释放刘太公吗？”侯公摇摇头道：“大王，臣不是为汉王来游说的，而是为天下人来游说大王。”

项羽疑问道：“为天下人？公请明言。”

侯公道：“数十日前，大王欲与汉王独斗决胜负，所为的可是不忍天下百姓再受战乱之苦，又以为争夺天下者不过是大王与汉王两人而已？”项羽道：“不错，我正是那么想的。”

侯公道：“这就是了，大王不忍天下百姓再受苦楚，是以臣为天下百姓来见大王。如今汉王不肯与大王独斗，楚汉继续相对峙，难道大王打算长此这样对峙下去吗？大王在此对峙一天，百姓和士卒便受苦一天。当初大王会稽起兵，不就是为了灭除给天下百姓带来苦难的暴秦吗？现在暴秦已经灭亡，百姓却依然徘徊于生死边缘，这不是大王当初所愿的吧？时势所逼，如今大王与汉王必须有一人要作出牺牲，尽快议和，才能尽早为天下带来和平。”

侯公这些话，可以说字字都像刺一样扎进了项羽的心中。项羽终于决定议和，对侯公道：“公回去为我告诉汉王，说我愿意议和，请他明日与我在军前相见。”

侯公喜道：“臣代天下人谢大王！”

项羽还礼道：“项羽久累百姓遭受苦楚，其罪深矣，不敢受谢。”

侯公回到刘邦那里说项羽同意议和后，刘邦大喜。第二天上午，项羽和刘邦各自走出两军营前相见。

刘邦向项羽喊道：“项王，你我争夺天下三年，如今势均力敌，咱们就将天下一分为二，鸿沟（沟通黄河和淮河的人工运河）以西土地归我，鸿沟以东土地归你。你看如何？”

对于刘邦的这个提议，项羽心里早就有了预料，因此很快就回复道：“好！我们各自写和约，送去对方帐中亲自盖印。”

刘邦道：“没问题！那我的家人呢？”

项羽道：“我即刻释放！”说完，项羽挥了挥手，两名军士拉着马车将刘邦父母和妻子吕雉带出楚军大营。

项羽写好和约，签字盖印后，交给了项伯。项伯装上和约，带着载有刘邦父母、妻子的马车走向汉军大营。

刘邦见自己的父母、妻子毫发无损，向项羽谢道：“多谢项王代我照顾家人，以后我们还是兄弟，不分君臣，同享富贵！”

项羽道：“但愿汉王遵守信义！”

刘邦照着项羽的和约内容也写了一份，然后签字盖印交给了项伯。

两军将士见和约签成，以为不再打仗了，全都山呼起“万岁”，他们怎么也不会想到，最残酷的一仗才刚要拉开序幕。

背信弃义

和约签订后，项羽下令军中士卒收拾行装，准备次日拔营东归。

见项羽回来，虞姬问道："妾听见将士们大呼万岁，是不是和约签成了?"

项羽微笑道："嗯，正像我所预料的，刘邦提出以鸿沟为界，鸿沟以西归汉，鸿沟以东归楚。明天我们就起程回彭城。"

虞姬帮项羽解下披风说道："说实话，妾早就盼着停战，可如今签订了和约，妾心里又觉得有些不太好的感觉。汉王为人狡猾多变，他的那些大将和谋臣也都心怀虎狼，真希望他们能够到此满足，不再兴兵战乱。"

项羽坐下，拿起虞姬给温好的酒，斟了一爵说："刘邦为人的确贪婪狡诈，不过如今在两军数十万将士面前签订的和约，刘邦应该不会冒着被天下人非议的风险来重燃战火。不要担心了，来，你也饮一爵暖暖身子。"

"诺。"虞姬应道。

次日，楚军开始有序地拔营东归，刘邦站在壁垒上看着楚军撤兵，对站在身边的张良和陈平说："项羽撤军了，我们也该拔营回关中了，这鬼地方我是一天也不想待了。"

张良却说道：“楚军虽然撤了，但我们不能撤。”

刘邦笑道：“你怕项羽去而复返？不会的，项羽为人看重信义，绝不会违背和约的。”

“和约可在大王身上？”张良问。

“不错，在寡人身上。”刘邦说着从怀里拿出一块素帛。

张良从刘邦手里拿过素帛，将其放在地上摊开，随手抽出身上的佩剑，照着素帛就砍。

刘邦惊道：“你做什么？”

张良已然将素帛砍碎，笑道：“当然是毁约了，大王。”

陈平也笑道：“大王，张侯（刘邦这时封张良为成信侯）的意思是我们不必遵守和约，应该趁机追杀项王。”

张良道：“不错！如今天下大半已归于大王所有，诸侯皆亲附于汉。而楚军疲惫，粮食断绝，此乃天亡西楚之时，正是天予不取，必受其祸，大王应急进兵追杀项羽。切勿养虎为患。”

刘邦犹豫道：“可是现在刚刚和项羽签订了和约，这么快就撕毁，天下人岂不是会笑寡人毫无信义？”

张良道：“大王能取得天下，区区信义空名何足为惧？大王既然起兵反楚，就已经没有回头路，天无二日，民无二王，大王与项羽岂能并王天下？”

陈平也劝道：“大王如能取得天下，天下间只会称颂大王的丰功伟业，今日背约之事，不会有人说大王背信弃义，只会笑项羽愚笨不足成大事，非真英雄。大王勿疑！”

在张良和陈平两大谋士的极力劝说下，刘邦终于决定背信弃义，准备率军追击楚军。

不过，张良和陈平并没有让刘邦立刻就追击楚军，而是建议刘邦等楚军回到楚国腹地后再行进攻。因为那时，汉军将与韩信和彭越对楚军形成合围之势，集合天下诸侯的力量，定能打败所向无敌的项羽。

而项羽对这一切毫不知情，假如项羽能多留一个心眼，应当命钟离眛或者自己亲自率领部分精兵在东归的路上设下埋伏，定会给追赶而来的刘邦一个重创。那样的话，刘邦想和韩信、彭越结成包围圈包围楚军就不容易了，甚至根本不可能了，项羽将会有足够的时间布置兵力防御或反攻刘邦。

可惜，项羽是个胸怀坦荡的英雄，并没有想到刘邦会毁约，张良与陈平早就看透了这一点。

刘邦率军一路尾随项羽，追到阳夏（今河南省太康县）时，刘邦下令暂时停止追赶。

刘邦分派出两批使者去见韩信和彭越，让两人率军到固陵（今河南省淮阳之北）与自己会合，然后包围项羽。

见到刘邦派来的使者后，韩信和彭越心里想道，之前你刘邦，没有知会我们就和项羽定下了鸿沟和约，我们为你卖命多年，却得到这么点东西，实在太轻视人了。这次给不了像样的好处，别想再指使人干活！

刘邦这时不知道韩信和彭越的想法，以为他们肯定会奉命率军赶到固陵和自己会合，包围项羽。

这时，项羽终于发现刘邦已经违背和约，率军来追击。

钟离眛对项羽说："大王，请留臣在固陵阻击汉军，大王速速撤回江东，有长江天险阻隔，汉军必然不敢过江。大王到时修整一番，再率江东子弟过江进攻汉军，定然能收回天下！"

项羽黯然道："曹咎、龙且已经战死，我不能再将你置于险境。况且汉军虽然来势汹汹，但我还没把他们放在眼里。"

钟离昧道："大王待臣如心腹兄弟，今事急，正是臣以死报大王恩义之时！而且单凭汉军固然不足为虑，但臣怕韩信和彭越等人会同汉军合兵来攻，那我们就危险了。所以大王还是听从臣的建议，尽速东撤渡江吧，留下臣来断后。"

项羽断然道："不行！我绝不能让你留下送死！"

站在一旁静静听两人说话的大将季布这时说道："大王，让臣去刺杀韩信和彭越，只要韩信和彭越一死，他们就会陷入内乱，无暇再援助刘邦了。"

项羽道："不可，韩信和彭越虽然助刘邦反我，但两人都是当世名将，不能将他们暗杀，那样做会有辱他们的身份。即使他们一起来，我也不怕！"

钟离昧问道："可是如今汉军已经迫近，我们该如何应对？"

项羽道："自从鸿沟和约签订后，将士们便以为不用再打仗，可以回家和家人团聚了，如今我军将士归心似箭，人人怀其家人，士气已经大泄，不能够严阵以待汉军到来进行决战。只能佯装不知道被汉军追击，待汉军大意之时，我们可以杀他一个回马枪，必能大败刘邦！"

钟离昧和季布同声赞道："大王好计谋！"

公元前202年十月，刘邦率军追楚军到了固陵后，却并没有等到韩信和彭越率军前来增援，反而是项羽率军冲杀过来。刘邦数十万兵马仓促应战，项羽骑着乌骓马几回驰奔就将汉军冲得阵形大乱，楚军奋勇作战，汉军不久即大溃而去。

刘邦败退后，项羽怕将刘邦逼急了，遭到反咬，就没继续追击。于是项羽和刘邦各自立下营寨，重新对峙起来。

刘邦大败后，痛骂韩信和彭越不来增援，就问张良该怎么办。张良献计说："韩信和彭越之所以不来，肯定是因为大王还没有许诺给他们好处。如今楚军就快战败了，大王还没有承诺分给他们多少土地，他们当然不会来了。韩信战功累累，自立为齐王，这不是出自大王真心实意，所以韩信对此很不放心。彭越平定了梁地，也是战功赫赫，当初大王因为魏王魏豹的缘故，只让彭越做了魏国的相国，如今魏豹早已经死了，大王对彭越却依然没有什么表示。"

刘邦怒道："寡人都已经将齐国封给韩信了，他到底想要多少才够?"

张良道："大王不要动怒，现在最重要的是先灭掉楚国。大王可许诺灭楚后，将自陈县（今河南省淮阳）以东至渤海之地都封给韩信；将自洛阳以北至谷城之地都封给彭越，立彭越为梁王。那么，两人为了各自的利益一定会亲自率军会合。"

刘邦同意了张良的计策，再次派使者分别去见韩信和彭越，对他们说："请与汉军合力击楚，楚国一灭，就将陈县以东至渤海封给齐王，将洛阳以北至谷城封给彭相国。"韩信和彭越大喜，立刻表示愿意起倾国之兵会合汉军攻打楚军。

不久，韩信率军攻占彭城，迅速占领楚国大片地区，并率军三十万赶来和刘邦会合。

成功诱使韩信和彭越前来会合后，刘邦又在张良的建议下，派英布去收服他原来的封国九江。

此时，镇守九江的是项羽的大司马周殷。在英布回到九江的同时，

刘邦的大将刘贾也率军到了九江。刘贾和英布派人去对周殷说："项王已经被汉王、齐王韩信和彭越等各路诸侯围困在固陵附近，败亡只在旦夕之间，大司马还是早想自全之计吧！"

周殷果然为了明哲保身，向英布和刘贾投降，立刻率领九江兵前去与刘邦会合。同时，刘邦封英布为淮南王，满足了英布的胃口。

到了这时，不难看出项羽的处境已经多么的凶险了。刘邦、韩信、彭越、英布等人正像饿狼一样准备对项羽发动致命的撕咬，项羽即将迎来他人生中最惨烈的一场大战。

四面楚歌

周殷反叛后，由于九江国都城六县的军民忠于项羽，他就将六县百姓屠杀殆尽，而后率军跟随刘贾北上。两人到了城父时，城父百姓也是由于忠于项羽遭到屠城。

与此同时，刘邦见韩信、彭越等人都已经发兵，于是从固陵起兵向东推进。项羽率军撤退到垓下（今安徽省灵璧东南）。

公元前 202 年十二月，刘邦、韩信、彭越、英布四路大军将项羽包围在垓下。此时，项羽兵力为十万，而且已经陷入绝粮困境，刘邦联军兵力超过五十万。

韩信率齐军三十万居楚军正面，为中军，韩信背后是刘邦，刘邦

背后是部将柴将军和周勃；韩信左面是刘邦部将孔将军，右面是刘邦部将费将军；费将军后面是灌婴，灌婴所率领的全部是汉军精锐骑兵。英布、彭越、刘贾、周殷等各路诸侯则分布在楚军其他三面，项羽的十万楚军在数十万汉军的包围下，仿佛一望无际大海里的一叶孤舟。

项羽见韩信和刘邦在自己的正面，项羽认为要打败敌军的话，必须擒贼擒王，集中全力进攻韩信，韩信溃败后，刘邦就会跟着溃败，之后其他人就容易对付了。

这一次，项羽的处境比彭城之战时要凶险千百倍，最糟糕的还不是军粮匮乏、将士们面带饥色，士气低落才是最致命的。项羽之所以每次都能以少胜多，所凭借的一是他身先士卒的勇武，第二则是傲视天下的军心士气，如今将士们人人心怀东归，日夜想念家人，这令他们在打仗的时候有了顾虑。现在，将士们虽然也都愿意将生命交给项羽，也会义无反顾地用死亡和鲜血来表达对项羽的忠诚，但与以往所不同的是，他们争相赴死的时候，脑海里会回荡起家乡亲人的音容笑貌，只要他们因此有一秒钟的恍惚，恐怕就会被敌军砍伤或杀死。

深陷包围，项羽知道速战速决对自己最有利。所以项羽亲自率领主力向正面的韩信发动猛攻，韩信的齐军与项羽交战一会儿后，开始抵挡不住攻势，不断后撤。虽然不断被项羽兵锋压缩着后撤，但齐军被韩信训练得好，败而不乱，韩信一直在后压着阵脚，指挥军队边战边撤。项羽当然也清楚自己直线率军杀入敌阵，敌军的两翼肯定会拦腰截击并从后包抄自己，但他仍必须这么做。项羽打算凭借着一口锐气和闪电一般的速度来尽快击溃韩信和刘邦，只要韩信和刘邦溃败，即使自己被敌军的两翼合围住，也不会有太大危险了。可是，项羽率军冲杀得虽然够迅猛，奈何韩信的齐军人数实在太多了，即使齐军不还手，只是站着等楚军砍杀，也不是一时片刻就能杀光的。关键还在于韩信领兵有道，他的军队虽然抵挡不住楚军的攻势，但是却没有被楚军拼命的气势所吓倒，如果齐军对楚军有了恐惧感，别说三十万军队，就是三百万军队恐怕也早就作鸟兽散了。

随着项羽攻击韩信越来越深入，部署在两翼的敌军开始将楚军合围，项羽进击韩信的速度立时降了下来，韩信见状后，指挥军队全力反攻，项羽不得不和敌军进行人海大战。楚军虽然依旧喊杀震天，但其中夹杂着思乡的情绪，因此听上去不再像巨鹿之战时那样气势逼人、震撼人心。楚军士卒的戈和剑也不像当初那样挥舞得有力迅猛了，也开始因为伤痛而哀叫了。项羽看着自己的部下在敌人如狼群般的围攻下，一个接着一个地壮烈倒下去，心中像刀割一样。项羽不得不率军向军营后撤，敌军虽然没有阻挡住项羽杀回军营，但经此惨烈一战，楚军伤亡大半。

刘邦和韩信的军队也损失惨重，刘邦没想到楚军的战斗力竟然还是这么强大，所以虽然已经将项羽重重包围，但他还是不敢贸然下令大军冲杀进楚军军营。

这天晚上，张良对刘邦说："白天我们之所以能够打败项羽，完全是因为楚军士气已经不像从前那样高昂了，只要我们能将楚军剩余的士气都给打掉，那么项羽就可一战而擒了。"

刘邦忙问："有什么良策可以泄掉楚军的士气？"张良道："大王及我军将士多有楚人，淮南王英布和周殷的九江兵马都是楚人，齐王韩信军中也多有楚人。大王可以让军中楚人齐唱楚歌，其他不会唱的军卒跟着唱上两遍自然会唱了。只要数十万将士唱上一个时辰的楚歌，楚军士气必然瓦解。"

于是刘邦下令大军齐唱楚歌。楚歌曲调凄幽哀婉，数十万人在夜里齐唱的话，肯定会听得肝肠寸断，尤其是被思乡的人听到。

项羽苦战了一天，非常疲惫，回到军营吃了点东西，到处巡视一遍，慰问完受伤的部下后，已经快天黑了。最后又和钟离昧、季布等人商讨了一个多时辰的军情，然后就休息了。

睡到半夜，项羽突然被帐外传来的楚歌歌声惊醒，侧耳一听，低沉的楚歌声从四面传来，项羽震惊道："莫非汉王已经尽得楚地？为何如此多楚人唱歌?"

项羽走出军帐一看，只见众多军卒都走出帐篷，听着楚歌在相对着默默流泪。项羽举目四望，夜空非常辽阔，没有月亮，只有无数寒星闪烁，夜风载着从四面八方的敌营飘出的楚歌直来到篝火黯然的楚军大营。

项羽不忍再听，走回军帐，命军士将酒肉拿来。这时虞姬也已经起来，为项羽披上一件皮裘，然后为项羽斟酒。五六名近身侍卫侍立在桌案两侧。

项羽一连饮了数爵后，对心怜他的虞姬悲笑道："我很久没有唱过楚歌了，今天也唱上一曲。"虞姬泣道："让妾舞剑为大王助兴。"项羽点点头，对侍卫们说："我来唱，你们为我击节。"于是项羽站起身昂首唱道："力拔山兮气盖世，时不利兮骓不逝。骓不逝兮可奈何，虞兮虞兮奈若何!"

项羽唱完，泣下数行，饮尽一爵道："来，众人与我相和再唱!"

于是，项羽又唱了起来，虞姬和侍卫们相和而唱，虞姬唱着唱着终于泣不成声，侍卫们也全都掩面低泣起来，无比的悲伤弥漫在整个军帐之中。

就在项羽流泪唱完最后一遍时，突然之间，独自起舞的虞姬横剑在自己的肩上，然后用力一划，鲜血瞬间流了出来，剑掉在了地上，虞姬也随之倒下。

项羽悲叫一声："虞姬!"冲过来抱住了虞姬，按住了虞姬颈部的伤口。

虞姬微笑道："妾不想拖累大王，妾……死了，大王就……不会……不会有牵挂了……一……定可……以冲杀……出去……"说完，虞姬永远地闭上了眼睛，最后一行眼泪顺着眼角滑落入项羽的手里。

项羽瞬间如万箭穿心般剧痛，大叫起来："虞姬!"不知道过了多久，项羽的眼泪似乎已经哭干了，虞姬的血也已经凝固，侍卫们仍伏在地上。

最后一战

项羽将虞姬放到榻上，然后对帐中的侍卫们说："解围之后，护送虞姬回江东安葬。"侍卫们伏地齐声应道："诺。"

项羽走出军帐，将众将召集到篝火旁说："你们各自回去挑选愿意跟从我杀出重围的到这里来集合，愿意留在军营的可以等到明日向汉军投降，汉王应该不会难为投降的军卒。"

钟离昧、季布等人皆道："大王，我们都愿意奋死保护你杀出重

围！没有人愿意投降！”

项羽道：“我知道将士们对我忠心耿耿，但我不能让所有人都跟随着我冒险，而且如果所有人一起突围的话，目标太大，敌人一定很快发觉，那样的话我们很可能会全军覆没。我只能带少部分人突围，这样大家才都有活下去的可能。快去按我说的办吧！”

钟离昧、季布等人领命而去，项羽自己也在亲卫之中挑选了一些人。不一会儿，钟离昧和季布等人带着各自挑选的壮士来到篝火旁集合，一共八百余人。

此时已经到了后半夜，项羽与八百将士骑上战马，离开军营，在夜色的掩护下，悄悄地穿过重围，向南驰去。

次日黎明时，才有人发觉项羽已经带着少数人马冲出了重围，刘邦得到消息后，立刻命灌婴率领五千精兵追击，并在军中下令说：“能得项羽人头者，赏千金，封万户侯。”在灌婴身后，有无数的将领都各自带着部下尾随追杀而来，人人都想得千金，被封万户侯。

项羽的军队人困马乏，除了项羽的乌骓战马尚雄健依旧外，其他人的战马都已经明显体力不济。由于粮草匮乏数月，楚军的战马根本就不能吃上多少马料，只能吃些干草充饥，试问战马的体力又怎么维持得住呢？灌婴率领的那五千精壮汉军骑兵很快就追上了项羽。

项羽索性勒住马，望着滚滚追杀而来的汉军铁骑对钟离昧、季布等人道：“汉军来者不下数千人，我们就在此和他们决一死战吧！”

钟离昧和季布却突然打马走了出来，将剑横在脖子上。

项羽急问：“你们这是何意？”

钟离昧、季布泣道：“大王，请让我们留下阻击，你快继续向南撤走！”

项羽道："敌军虽众，我们也一定能将他们打败，打败他们后我们再一起南撤。"

钟离眛和季布坚决道："大王不要再说了，快走吧!"

项羽怒道："你们敢违抗军令!"

钟离眛、季布急切道："大王！快走!"

项羽只能一咬牙掉转马头，留下钟离眛和季布率领三百多人阻击灌婴，自己率领其他人继续向南退走。但是灌婴有五千多人马，钟离眛和季布两人并不能阻挡住多少人，还是有数千人直接向项羽追杀而去。项羽边战边退，汉军虽然人强马壮，但也堵截不住项羽。项羽渡过淮水之时，跟随他的只剩下了百余人，但终于暂时摆脱了汉军的追杀。

行至阴陵（今安徽省定远西北）时，项羽来到一条岔路口，不知道该走哪条路。这时他看到一个农夫，就向农夫问哪条路是南下的，农夫不知道和项羽有什么深仇大恨，竟然指了一条死路给项羽，说是"左走"。项羽没有怀疑，立刻率领部下走左边岔路，不久便走到了沼泽之中。马蹄陷在沼泽中，难以奔驰前行，数千汉军却追杀而来。又经过一场恶战，项羽终于摆脱沼泽向东退走到了东城（今安徽省定远东南）附近。这时项羽只剩下了二十八名部下，项羽环顾仅剩的这二十八名部下，人人都以坚定的目光看着他。数千汉军又追杀过来，项羽觉得这回恐怕难以脱难了，所以率领二十八名部下退到一个小土山上，汉军则像潮水一样将山团团围困。

项羽下马对部下们说道："自我会稽起兵至今，八年来经历七十余战，追亡逐北，所向无敌，未尝一败，遂霸有天下！然而今日却终于受困于此，此天之亡我，非战之罪也。今日固然决死，愿与诸君同

汉军最后痛快一战，必三胜汉军，为诸君冲破重围，杀敌将，斩敌旗，令诸君知道实天之亡我，非战之罪也！”

于是，项羽将二十八名部下分为四队，对部下们说：“一会儿诸君与我同时从四面冲下，我为诸君杀彼一将军。然后我们在山的东面分成三队集合。”

“遵大王命！”部下们皆应。

项羽与部下又重新骑上战马，挺起黑铁戟向山下指道：“杀！”于是与部下大喊着从四面猛冲下来，汉军被这雷霆万钧之势吓得人马惊骇，一名汉军将领没等回过神来就被项羽一戟戳死。汉军大将杨喜冲了上来，急忙率军从另一边跑过来，打算围杀项羽，抢得万户侯的封赏。杨喜刚兴冲冲地冲到项羽面前，项羽怒目大喝一声，杨喜被吓得脸色煞白，急将马头掉转，狠命用鞭子抽打马背率领着部下逃窜，一直逃了好几里地才敢停下。其实项羽根本就没有去追杀他，而是按照约定和自己的其他部下在山的东面会合，并分为三队。因为树木遮挡，汉军分不清项羽在哪一队里。汉军于是也分成三部分包围项羽及其部下。汉军刚部署完，项羽率领着部下又冲杀下来，项羽冲入敌阵，先斩杀一都尉，然后挥戟横扫汉军，片刻之间汉军数百人死于项羽之手，汉军纷纷退避不敢阻挡项羽，项羽顺利率领部下杀出了重围。这一阵混战，项羽才仅仅失去两名部下，汉军久经战阵的数千人马组成的包围圈在项羽面前不堪一击。

冲出重围后，项羽问部下们：“何如？”部下们皆道：“大王无敌！果然如大王所言！”

项羽率领着二十六名部下从东面冲出包围后，来到了乌江岸边。

这时，乌江亭长正撑船等候在江边，项羽向他奔了过来。乌江亭长对项羽说："大王赶快登船，现在乌江上下只有臣有船，汉军追来后，就无法再渡江追赶了。大王，江东虽小，犹有千里之地，数十万百姓，亦足以称王再争天下！"

项羽下了马，望着滚滚乌江，不觉悲笑道："天欲亡我，我还何必渡江！而且当年项籍率八千子弟渡江西向灭暴秦，平天下，今无一人跟还。纵然江东父老怜我而尊我为王，我又何面目面对他们？纵然父老们毫无怨言，难道项籍就无愧于心吗？"

乌江亭长劝道："大王，胜败乃兵家常事，何必固执一时得失？汉军就快追到了，请速登船！"

项羽拍了拍乌骓的脖颈道："不必了，我知公为长者。此马已经跟随了我五年，所向无敌，曾一日驰骋千里，我不忍杀它，就将它赐给公，我将在此与汉军最后一战，公速速渡江吧！"

项羽牵着乌骓，将马缰交到乌江亭长手里，乌骓似是感应到了主人的决定，眼里流出泪来，不住地回头看项羽。项羽也很舍不得乌骓，强忍住眼泪，没有再看乌骓一眼。

乌江亭长将乌骓牵到船上，慢慢撑船离开岸边，他看到遮天蔽日的汉军已经追杀过来，望着项羽那高大的背影，他不禁仰天问道："天兮！如此旷世绝代的英雄，难道真的要将他灭亡吗？"

送走乌江亭长后，项羽对二十六名部下说道："诸君将各自的战马都放走吧，今日我等必死于此，可最后痛快一战，何其壮哉！"

部下皆激昂道："今日与大王同死，是我等莫大荣耀！"

项羽道："好！稍后我们泉下相见！"

此时，汉军骑兵、步兵都已经杀到，项羽扔掉铁戟，拔出佩剑率领部下向汉军冲去。项羽和部下很快就被汉军分开，他们每一个人都要应

付几十人、上百人的围攻，二十六名部下终于在汉军的围攻下一个接着一个地死去。而项羽一个人仍在继续战斗，身上已经有了十余处创伤，而汉军更惨，已经有数百人死在项羽剑下。这时，战场上忽然静了下来，汉军无人再敢向项羽靠近。项羽将长剑插在地上，大笑了起来。项羽环视着紧张的汉军，忽然在人群中看到一个熟人，问他道："你不是我的故人吕马童吗？"吕马童此时是汉军骑兵司马。吕马童走出阵来，指着项羽对身边的将领王翳说："这就是项王。"项羽又笑道："我听说汉王悬赏千金，封万户侯，购我之头，今日我就成全你吧！"

项羽说完，从地上拔起长剑，横在肩上，直直地瞪着吕马童，然后腕上运力一割，鲜血从颈部喷涌而出，项羽终于倒下了……

公元前202年，年仅三十一岁的西楚霸王项羽生命终结于此。

项羽倒下后，吕马童、王翳等人为了得到万户侯的封赏，像发了疯似的争抢项羽的尸首，甚至不惜纵兵互相、厮杀起来。最后他们竟然残忍地将项羽肢解，吕马童、杨喜、王翳、吕胜、杨武各得尸体一部分，最后刘邦将五人都封为万户侯。

数千年以来，争夺天下者，莫不以成败相论，所谓成者王侯败者寇，概莫能外，除了项羽。项羽虽然争夺天下失败，但留给后世的形象，始终是一位无可比拟的英雄，他个人的军事才能和勇武，至今无人可以超越，他是中国历史上真正的战神。而项羽令后人敬仰的原因，其实最主要的不是他的绝世勇武，而是他做人的光明磊落和淋漓尽致的真性情的彰显。楚汉之时，有无数英雄豪杰，但只有项羽，无论是他的缺点、错误还是人格光辉之处，都完全没有半点掩饰地显露在世人面前。而反观刘邦、韩信、张良、陈平、英布、彭越等人，却终生也没有走出狡诈的阴影，虽然他们是"最后的胜利者"。

太史公司马迁在写《史记》时，对于项羽格外倾注笔力，他在《项羽本纪》中这样评价项羽："我听说舜帝有双眼仁，听闻项羽也是如此，项羽莫非是舜帝的后裔？不然怎么会这么突然地兴起？秦国无道，陈胜首举反秦义旗，由是豪杰蜂起，不可胜数。然后项羽没有半分基业可以凭借，乘势起于方寸之地，仅仅用了三年时间，便率领天下诸侯灭除暴秦，裂土封王诸侯，天下之政皆决于项羽之手，号称'霸王'，虽然未能有始有终，但近古以来也无人可以与他相比。既已分封诸侯，项羽却放弃关中而东归于楚，又流放义帝，那就无怪诸侯背叛了。而且项羽又自矜勇武绝世，不能以古人前事为借鉴，自以为霸王之业，当以武力经营，终于导致亡国身死。但至死仍不觉悟自责，却说'天亡我，非用兵之罪'，岂不谬哉！"

太史公的这番对项羽的评价，古今以来，最为公允，项羽最大的失败就败在太过于崇尚武力，正是"恃德者昌，恃力者亡"，此千古不易之理。

垓下之战后，钟离昧和季布侥幸逃过了汉军的追杀。刘邦称帝后，继续派人追杀他们，两人到处躲藏。

钟离昧因为与韩信有旧交，于是就投靠了韩信，但这事被刘邦知道了。韩信怕刘邦向自己问罪，就逼迫钟离昧自杀。

季布则受到江湖大侠的保护，最终在夏侯婴的求情下，被刘邦赦免，其后做了汉臣，一直到汉文帝时才去世。

韩信、英布、彭越这三个在楚汉战争中最重要的人物，都没有落得什么好下场。刘邦称帝后，改封韩信为楚王。韩信此后一直受到刘邦的猜忌。韩信逼死了钟离昧后不久，刘邦就将韩信抓回了长安，废为淮阴侯。韩信为此怨恨于心，阴谋造反，最终被萧何出卖，被吕后

骗进宫里杀死。韩信死后，英布惶恐不已，图谋造反，刘邦亲自率军攻打他，英布兵败逃亡时，被百姓杀死。彭越被刘邦封为梁王，倒是没想造反，但刘邦还是以谋反之罪将他夷灭宗族，枭首示众。

项羽自刎后，楚国全境投降，只有鲁县（今山东省曲阜）坚决不投降。驻守鲁县的是一位姓李的将军，麾下有三千人的军队。鲁县乃孔子故乡，人人恪守忠义，刘邦不敢强攻鲁县，派人拿着项羽的人头去给鲁县军民看，李将军见项羽果然身故，只好答应投降。

因为楚怀王心曾封项羽为鲁公，所以刘邦最后就以鲁公的礼节将项羽安葬于谷城（今山东省泰安东平县）。丧礼被刘邦安排得很妥当，并亲自将项羽下葬，哀哭后才离去。而葬礼结束后，刘邦想让李将军留在自己身边为臣，李将军婉拒了刘邦的好意，拔剑自刎于项羽墓前，殉节而死。项羽墓前碑文载其事曰“有李将军从王死，实附葬焉”。

项羽的墓被后世称为霸王墓，具体地址在山东泰安东平县旧县乡旧县三村东侧高台地上。霸王墓原占地六十余亩，汉柏数十株，土冢高十米，直径三百米，但后来霸王墓遭到破坏，如今封土直径才剩下三十多米，汉柏已无，墓地面积也剩下很少。现今还有一方清代人宋思仁所刊碑文，但年岁久远，很多字迹已经漫漶不清，大致内容是追述项羽的英雄事迹，抒发感慨。

此外，在项羽自刎之地，今天的乌江镇凤凰山上还有一座“衣冠冢”，所埋葬的是项羽惨遭肢解后的残骸和血衣。唐代时，在这里建成霸王祠，也称项亭、项王亭、楚庙、项羽庙。

对于项羽的宗族，刘邦都不算亏待，封项伯为射阳侯，而项羽之所以战败，第一罪人其实就是这个项伯。对于其他项氏，刘邦各按功劳封为侯爵，赐姓刘氏。

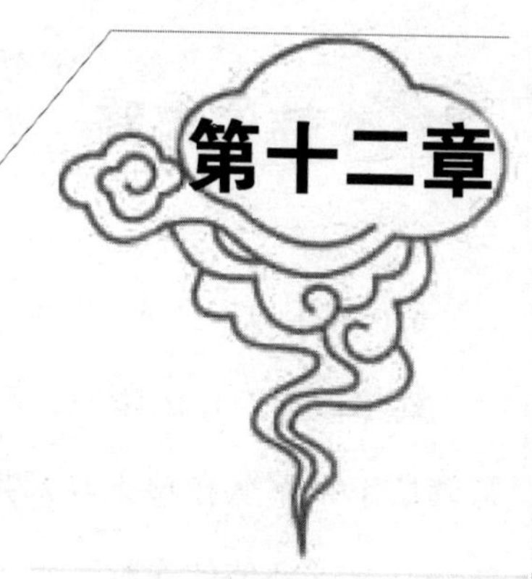

尾　声

刘邦平定陈豨之乱后，回到长安。他听说淮阴侯韩信被诛杀，既欣喜，又惋惜。他问吕后：“韩信死时说了什么话？”

吕后回答说：“他说后悔没有听蒯通的计策。”

韩信末路

刘邦被围困在固陵时，采用了张良的计策，征召齐王韩信，于是韩信率领军队在垓下与刘邦会师。项羽被打败后，刘邦用突袭的办法夺取了韩信的军权。汉五年正月，改封齐王韩信为楚王，建都下邳。

韩信到了下邳，召见曾经分给他饭吃的那位漂母，赐给她黄金千斤。轮到下乡南昌亭亭长，赐给百钱，说："您是小人，做好事有始无终。"召见曾经侮辱过自己、让自己从他胯下爬过去的年轻人，任用他做了中尉，并告诉将相们说："这是位壮士。当侮辱我的时候，我难道不能杀死他吗？杀掉他没有意义，所以我忍受了一时的侮辱而成就了今天的功业。"

项羽部下逃亡的将领钟离眛，家住伊庐，一向与韩信友好。项羽死后，他逃出来归附韩信。刘邦怨恨钟离眛，听说他在楚国，诏令楚国逮捕钟离眛。韩信初到楚国，巡行所属县邑，进进出出都带着武装卫队。汉六年，有人上书告发韩信谋反。刘邦采纳陈平的计谋，假托天子外出巡视会见诸侯。南方有个云梦泽，派使臣通告各诸侯到陈县聚会，说："我要巡视云梦泽。"其实是要袭击韩信，韩信却不知道。刘邦将要到楚国时，韩信曾想发兵反叛，又认为自己没有罪，想朝见刘邦，又怕被擒。有人对韩信说：“杀了钟离昧去朝见皇上，皇上一定高兴，就没有祸患了。”韩信去和钟离昧商量。钟离昧说：“皇上之所以不攻打楚国，是因为我在你这里，你想逮捕我取悦汉王，我今天死，你也会紧跟着死的。”于是骂韩信说：“你不是个忠厚的人！”最后刎颈身死。韩信拿着他的人头，到陈县朝拜刘邦。刘邦命令武士捆绑了韩信，押在随行的车上。韩信说：“果真像人们说的‘狡兔死了，出色的猎狗就遭到烹杀；高翔的飞禽光了，优良的弓箭被收藏起来；敌国破灭，谋臣死亡’。现在天下已经平安，我本来应当遭烹杀！”刘邦说：“有人告发你谋反。”就给韩信戴上了刑具。到了洛阳，赦免了韩信的罪过，改封为淮阴侯。

韩信知道刘邦畏忌自己的才能，常常托病不参加朝见和侍行。从此，韩信日夜怨恨，在家闷闷不乐，以和绛侯、灌婴处于同等地位感到羞耻。韩信曾经拜访樊哙将军，樊哙跪拜送迎，自称臣子，说：“大王怎么竟肯光临。”韩信出门笑着说：“我这辈子竟然和樊哙这般人为伍了。”

陈豨被任命为巨鹿郡守，向淮阴侯辞行。淮阴侯拉着他的手避开左右侍从在庭院里漫步，仰望苍天叹息说：“您可以听听我的知心话吗？有些心里话想跟您谈谈。”陈豨说：“一切听任将军吩咐！”淮阴侯说：“您管辖的地区，是天下精兵聚集的地方；而您，是陛下信任宠幸的臣子。如果有人告发说您反叛，陛下一定不会相信；再次告发，陛下就怀疑了；三次告发，陛下必然大怒而亲自率兵前来围剿。我为您在京城做内应，天下就可以取得了。”

陈豨一向知道韩信的雄才大略深信不疑，说：“我一定听从您的指教！”

汉十年，陈豨果然反叛。刘邦亲自率领兵马前往，韩信托病没有随从。暗中派人到陈豨处说：“只管起兵，我在这里协助您。”韩信就和家臣商量，夜里假传诏书赦免各官府服役的罪犯和奴隶，打算发动他们去袭击吕后和太子。部署完毕，等待着陈豨的消息。他的一位家臣得罪了韩信，韩信把他囚禁起来，打算杀掉他。他的弟弟上书，向吕后告发了韩信准备反叛的情况。吕后打算把韩信召来，又怕他不肯就范，就和萧何谋划，令人假说从皇上那儿来，说陈豨已被俘获处死，列侯群臣都来祝贺。

萧何欺骗韩信说：“即使有病，也要强打精神进宫祝贺吧。”韩信进宫，吕后命令武士把韩信捆起来，在长乐宫的钟室杀掉了他。韩信临死时说：“我后悔没有采纳蒯通的计谋，以致被妇女小子所欺骗，难道不是天意吗?”随后吕后株杀了韩信三族。

刘邦平定陈豨之乱后，回到长安。他听说淮阴侯韩信被诛杀，既欣喜，又惋惜。他问吕后：“韩信死时说了什么话?”

吕后回答说：“他说后悔没有听蒯通的计策。”

刘邦紧锁眉头略加思索后恍然大悟地说：“就是那位齐国的谋士，快派人将他抓起来。”

很快，蒯通被押解到长安。刘邦亲自审问道：“你怂恿过韩信谋反吗?”

蒯通神情自若地回答说：“是的，是臣劝他造反。可这小子不听臣的话，所以才丢了性命。假如这小子听从臣的计谋，陛下怎么可能诛杀他呢?”

刘邦怒目圆睁，气得喝令道：“来人，拉出去煮了!”

蒯通大叫：“啊呀，煮了臣那可真是冤枉呀!”

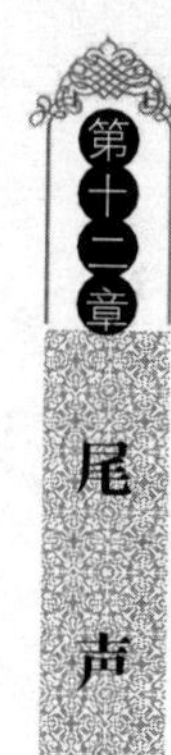

刘邦怒气冲冲地说："你教唆韩信造反，煮了你还有什么冤枉的？"

蒯通朗声说："秦朝末年，法纪败坏，政权瓦解，天下大乱。早先被秦国灭亡的六国诸侯，纷纷起兵，霎时间英雄云集。这种情况，犹如秦失其鹿，天下共逐之，有才能的人必然捷足先得。盗跖的狗吠尧，不是尧不仁，而是因为他不是狗的主人。当时，臣只认识韩信，不认识陛下，所以臣理所当然地替韩信出主意。况且，当时天底下英雄磨刀霍霍，跃跃欲试，像陛下一样想做皇帝的人很多。后来他们没有成功，只是他们能力不及陛下罢了。难道您能把他们全部烹煮了吗？"

刘邦边听边想，觉得蒯通的话颇有道理，最后就挥手让手下放了蒯通。

英布之死

英布，是六县（今安徽省六安）人，秦朝时是个平民百姓。小时候，有人给他看相说："当在受刑之后称王。"到了壮年，因犯法而受黥刑，因此又称黥布。英布愉快地笑着说："有人给我看了相，说我当在受刑之后称王，现在，大概就是这种情形了吧？"听到他这么说的人，都戏笑他。英布定罪后不久被押送到骊山服劳役，骊山刑徒有几十万人，英布专和罪犯的头目、英雄豪杰来往，终于带着这伙人逃到长江之中做了群盗。

陈胜起义时，英布就去见番县（今江西省鄱阳县）令吴芮，并跟他的部下一起反叛秦朝，聚集了几千人的队伍，番县令还把自己的女儿嫁给他。章邯消灭了陈胜、打败了吕臣的军队之后，英布就带兵北上攻打秦左、右校尉，在清波打败了他们，再引兵向东。听说项梁平定了江东会稽，渡过长江西进；由于项氏世世代代做楚国的将军，英布、蒲将军、陈婴等起义军就先后带领着自己的军队归属了项梁，向南渡过淮河。

项梁率军渡过淮河向西攻打景驹、秦嘉等部，英布的部队总是急先锋。项梁到达薛地，听说陈王的确死了，就拥立了楚怀王。项梁号称武信君，英布为当阳君。项梁在定陶战败而死，楚怀王迁都到彭城，将领们和英布也都聚集在彭城守卫。正当这时，秦军加紧围攻赵国，赵国屡次派人来请求救援。楚怀王派宋义担任上将军，范增担任末将军，项羽担任次将军，英布、蒲将军都为将军，全部归属宋义统帅，向北救助赵国。等到项羽在黄河之畔杀死宋义，怀王趁势改任项羽为上将军，各路将领都归属项羽统辖。项羽派英布率先渡过黄河攻击秦军，英布屡立战功占有优势，项羽就率领着全部人马渡过黄河，跟英布协同作战，于是打败了秦军，迫使章邯等人投降。楚军屡战屡胜，功盖各路诸侯。各路诸侯的军队都能逐渐归附楚国的原因，有很大一部分是因为英布指挥军队作战能以少胜多，使人镇服啊！

项羽带领着军队向西到达新安，又派英布等人领兵趁夜袭击并活埋章邯部下二十多万人。到达函谷关，不得入，又派英布等人，先从隐蔽的小道，打败了守关的军队，才得以进关，一直到达咸阳。项羽分封将领们的时候，封英布为九江王，建都六县。

汉元年（公元前206）四月，诸侯们都离开项羽的大本营，各回到自己的封国。项羽拥立怀王为义帝，迁都长沙，却暗中命令九江王英布等人，在半路上偷袭他。这年八月，英布派将领袭击义帝，追到郴县把他杀死。

汉二年，齐王田荣背叛楚国，项羽前往攻打齐国，向九江征调军队，英布托辞病重不能前往，只派将领带着几千人应征。刘邦在彭城打败楚军，英布又托辞病重不去辅佐楚国。项羽因此怨恨英布，屡次派使者前去责备，并召他前往，英布越发地恐慌，不敢前往。项羽正为北方的齐国、赵国担心，西边又忧患刘邦起兵，又推崇英布的才能，打算亲近他、任用他，所以才没有攻打他。

汉三年，刘邦攻打楚国，在彭城展开大规模的战争，失利后从梁地撤退，来到虞县，对身边亲近的人说："像你们这些人，不配共同谋划天下大事。"负责传达禀报的随何近前说："我不理解陛下说的是什么意思。"刘邦说："谁能替我出使九江，让他们发动军队，背叛楚国，在齐国把项王牵制几个月，我夺取天下就万无一失了。"随何说："我请求出使九江。"汉王给了他二十人一同出使九江。

随何到达后，只见到负责联络的太宰，等了三天也没能见到九江王。随何趁机游说太宰说："大王不召见我，一定认为楚国强大，汉国弱小，这正是我出使的原因。你若使我得以召见，我的话要是说的对呢，那正是大王想听的；我的话说的不对呢，让我们二十人躺在砧板之上，在九江广场用斧头剁死。以表明大王背叛汉国亲近楚国之心。"

太宰这才把话转告九江王，九江王接见了他。

随何说："汉王派我恭敬地上书大王驾前，我私下感到奇怪的是，大王为什么和楚国那么亲近。"

九江王说："我面向北边以臣子的身份侍奉他。"

随何说："大王和项王都列为诸侯，北向而以臣子的身份侍奉他，一定是认为楚国强大，可以把国家托付给他。项王攻打齐国时，他亲自背负着筑墙的工具，身先士卒，大王应当出动九江全部人马，亲自率领着他们，做楚军的前锋，如今只派四千人去帮助楚国。面北而侍奉人家的臣子，本来是这个样子吗？汉王在彭城作战，项王还未曾出兵齐国，大王就应该调动九江所有的人马，渡过淮河，帮助项王与汉王日夜会战于彭城之下。大王拥有万人之众，却没有一个人渡过淮河，这是垂衣拱手地观看他们谁胜谁败。把国家托付给人家的人，本来就是这个样子吗？大王挂着归向楚国的空名，却想扎扎实实地依靠自己，我私下认为大王这样做是不可取的。可是，大王不背弃楚国，是认为汉国弱小。楚国的军队即使强大，却背负着天下不义的名声，因为他背弃盟约而又杀害义帝。可是楚王凭借着战争的胜利自认为强大，汉王收拢诸侯之后，回师驻守成皋、荥阳，从蜀、汉运来粮食，深挖壕沟，高筑壁垒，分兵把守着边境要塞，楚国要想撤回军队，中间有梁国相隔，深入敌人国土八九百里，想打，那么又打不赢，攻城又攻不下，老弱残兵辗转运粮千里之外。等到楚国军队到达荥阳、成皋，汉王的军队却坚守不动，进攻又攻不破，退却又逃不出汉军的追击。所以说楚国的军队是不足以依靠的。假使楚军战胜了汉军，那么诸侯们自身危惧，必然要相互救援。一旦楚国强大，恰好会招来天下军队的攻击。所以楚国比不上汉国，那形势是显而易见的。如今大王不和万无一失的汉国友好，却将自身托付于危在旦夕的楚国，我私下替大王感到疑惑。只要大王出兵背叛楚国，项王一定会被牵制，只要牵制几个月，汉王夺取天下就可以万无一失了。我请求大王提着宝剑归附汉国，汉王一定会分割土地封赐大王，更何况还有这九江，九江必定为大王所有啊。希望大王认真考虑。”

九江王说：“遵从你的意见。”暗中答应叛楚归汉，没敢泄露这个秘密。

这时，楚国的使者也在九江，正在急迫地催促英布发兵。随何径直闯进去，坐在楚国使者的上席，说：“九江王已归附汉王，楚国凭什么让他出兵?”英布显出吃惊的样子。楚国使者站起来要走，随何趁机劝英布说：“大事已成，就可以杀死楚国的使者，不能让他回去，我们赶快向汉靠拢，协同作战。”英布说：“就按照你的指示，趁便起兵攻打楚国就是了。”于是杀死楚国使者，出兵攻打楚国。项羽便派项声、龙且讨伐英布，项羽留下来进攻下邑。几个月后，龙且节节胜利，英布力不能支，和随何抄小路逃归汉国。

英布逃到刘邦那里时，刘邦正坐在床上洗脚，就叫英布去见他。英布见状，怒火燃胸，后悔前来，想要自杀。当他退出来，来到为他准备的房间，见到帐幔、用器、饮食、侍从官员一如汉王那么豪华，英布又喜出望外。于是就派人进入九江。这时项羽已经派项伯收编了九江的部队，杀尽了英布的妻子儿女。英布派去的人找到当时的宠臣故友，带着几千人马回到汉国。刘邦又给英布增加了兵力一道北上，到成皋招兵买马。

汉四年（公元前 203 年）七月，刘邦封英布为淮南王，共同攻打项羽。

汉五年（公元前 202 年），英布又派人进入九江，夺得了好几个县。

汉六年（公元前 201 年），英布和刘贾进入九江，诱导大司马周殷，周殷反叛楚国后，就调动九江的军队和汉军共同攻打楚国，大败

楚军于垓下。

项羽一死，天下平定，刘邦置酒设宴。刘邦却贬低随何的功劳，说随何是迂腐保守、不合时宜的读书人，治理天下怎么能任用这样的人呢？随何跪在皇上面前说：“当陛下带兵攻打彭城时，项王还未曾出兵去齐国，陛下调动步兵五万，骑兵五千，能凭这点兵力夺取九江吗？”皇上说：“不能。”随何说：“陛下派我和二十人出使九江，一到，陛下就如愿以偿，这是我的功劳比步兵五万，骑兵五千还要大呀。可是陛下说我是迂腐保守不合时宜的读书人，这是怎么回事呢？”皇上说：“我正考虑您的功劳。”于是就任用随何为护军中尉。英布就剖符做淮南王去了，建都六县，九江、庐江、衡山、豫章郡都归属英布。

汉七年，英布到陈县朝见皇上。汉八年，到洛阳朝见。汉九年到长安朝见。

汉十一年（公元前 196 年），吕后诛杀了淮阴侯韩信，英布内心恐惧。

这年夏天，刘邦诛杀了梁王彭越，并把他剁成了肉酱，又把肉酱装好分别赐给诸侯。送到淮南时，英布正在打猎，看到肉酱，特别害怕，暗中使人部署，集结军队，守候并侦察邻郡的意外警急。

英布宠幸的爱妾病了，请求治疗，医师的家和中大夫贲赫家住对门，爱妾多次去医师家治疗，贲赫认为自己是侍中，就送去了丰厚的礼物，同英布爱妾在医家饮酒。爱妾侍奉英布时，安逸舒缓、不慌不忙地谈话之间称赞贲赫是忠厚老实的人。英布生气地说：“你怎么知道的呢？”爱妾就把他们交往的情况全都告诉他。英布疑心她和贲赫有淫乱关系。贲赫惊惧，借口有病不去应班。英布更加恼怒，就要逮捕贲赫。贲赫要告发英布叛变，就坐着驿车前往长安。英布派人追赶，却没赶上。贲赫到了长安，上书告变，说英布有造反的迹象，可以在叛乱之前诛杀他。刘邦看了他的报告，与萧何商量，萧何说："淮南王不应该有这样的事，恐怕是因结有怨仇诬陷他。请把贲赫关押起来，派人暗中验证淮南王。"英布见贲赫畏罪潜逃，上书言变，本来已经怀疑他会说出自己暗中部署的情况，刘邦的使臣又来了，有了相当的验证，就杀死贲赫的全家，起兵造反。造反的消息传到长安，刘邦就释放了贲赫，封他做了将军。

刘邦召集将领们问道："英布造反，对他怎么办?"将领们都说："出兵打他，活埋了这小子，还能怎么办!"汝阴侯滕公召原楚国令尹薛公问这事，薛公说："他本来就当造反。"滕公说："皇上分割土地立他为王，分赐爵位让他显贵，面南听政立为万乘之主，他为什么反呢?"令尹说："皇上往年杀死彭越，前年杀死韩信。这三个人有同样的功劳，是结为一体的人，自然会怀疑祸患殃及本身，所以造反了。"滕公把这些话告诉刘邦说："我的门客原楚国令尹薛公，这个人很有韬略，可以问他。"刘邦就召见了薛公。薛公回答说："英布造反不值得奇怪。假使英布计出上策，山东地区就不归汉王所有了；计出中策，谁胜谁败很难说了；计出下策，陛下就可以安枕无忧了。"刘邦说："什么是上策?"薛公回答说："向东夺取吴国，向西夺取楚国，吞并齐国，占领鲁国，传一纸檄文，叫燕国、赵国固守他们的本土，山东地区就不再归汉王所有了。"皇上再问："什么是中策?"薛公回答说："向东攻占吴国，向西攻占楚国，吞并韩国占领魏国，占有敖庾的粮食，封锁成皋的要道，谁胜谁败就很难预料了。"刘邦又问："什么是下策?"薛公回答说："向东夺取吴国，向西夺取下蔡，把辎重财宝迁到越国，自身跑到长沙，陛下就可以安枕无虑了，汉朝就没事了。"刘

邦说："英布将会选择哪种计策？"薛公回答说："选择下策。"刘邦说："他为什么放弃上策、中策而选择下策呢？"薛公说："英布本是原先骊山的刑徒，自己奋力做到了万乘之主，这都是为了自身的富贵，而不顾及当今百姓，不为子孙后代考虑，所以说他选用下策。"刘邦说："说得好。"赐封薛公为千户侯。随后刘邦调动军队，亲自率领着向东攻打英布。

英布造反之初，对他的将领们说："皇上老了，厌恶打仗了，一定不能够亲自带兵前来，派遣将领，将领们只害怕淮阴、彭越，如今他们都死了，其余的将领没什么可怕的。"所以造反了。英布果真如薛公预料的，向东攻打荆国，荆王刘贾出逃，死在富陵。英布劫持了他所有的部队，渡过淮河攻打楚国。楚国调动军队在徐、僮之间和英布作战，楚国分兵三路，想采用相互救援的奇策。有人劝告楚将说："英布擅长用兵打仗，百姓们一向畏惧他。况且兵法上说：'诸侯在自己的领地和敌人作战，一旦士卒危急，就会逃散'。如今兵分三路，他们只要战胜我们其中的一路军队，其余的就都跑了，怎么能互相救援呢！"楚将不听忠告。英布果然打败其中一路军队，其他两路军队都四散逃跑了。

英布的军队向西挺进，在蕲县以西的会甄和刘邦的军队相遇。英布的军队非常精锐，刘邦就躲进庸城壁垒，坚守不出。见英布列阵一如项羽的军队，刘邦非常厌恶，和英布遥相望见，远远地对英布说："何苦要造反呢？"英布说："我想当皇帝啊！"刘邦大怒，骂他，随即两军大战。英布的军队战败逃走，渡过淮河，几次停下来交战，都不顺利，和一百多人逃到长江以南。英布原来和番县令通婚，长沙哀王吴回（吴芮之孙）就派人诱骗英布，谎称和英布一同逃亡，诱骗他逃到南越。英布相信他，就随他到了鄱阳，鄱阳人在兹乡百姓的民宅里杀死了英布，英布势力遂告灭亡。

之后，刘邦册立皇子刘长为淮南王。

彭越受冤

彭越，是昌邑人，别号彭仲。常在巨野湖泽中打鱼，伙同一帮人做强盗。陈胜、项梁揭竿而起，有的年轻人就对彭越说："很多豪杰都争相树起旗号，背叛秦朝，你可以站出来，咱们也效仿他们那样干。"彭越说："现在两条龙刚刚搏斗，还是等一等吧。"

过了一年多，泽中年轻人聚集了一百多，前去追随彭越，说："请你做我们的首领。"彭越拒绝说："我不愿和你们一块干。"年轻人们执意请求，彭越才答应了，跟他们约好明天太阳出来集合，迟到的人杀头。第二天太阳出来的时候，迟到的有十多人，最后一个人直到中午才来。当时，彭越很抱歉地说："我老了，你们执意要我当首领。现在，约定好的时间却有很多人迟到，不能都杀头，只杀最后来的一个人。"命令校尉长杀掉他。大家都笑着说："何必这样呢，今后不敢再迟到就是了。"这时彭越就拉过最后到的那个人杀了,设置土坛，用人头祭祀，号令所属众人。众人都大为震惊，害怕彭越，没有谁敢抬头看他。于是彭越就带领大家出发夺取土地，收编诸侯逃散的

士兵，有一千多人。

彭越援助从砀北上攻击昌邑，但却没有攻下来，彭越带领军队向西进发。彭越也领着他的人马驻扎在巨野泽中，收编魏国逃散的士兵。项羽进入关中，分封诸侯后，就回去了，彭越的部队已发展到一万多人却没有归属。汉元年秋天，齐王田荣背叛项羽，派人赐给彭越将军印信，让他进军济阴攻打楚军。项羽命令萧公角率兵迎击彭越，却被彭越打得大败。汉二年春天，刘邦和魏王豹以及各路诸侯向东攻打楚国，彭越率领他的部队三万多人在外黄归附刘邦。刘邦说："彭将军收复魏地十几座城池，急于拥立魏王的后代。如今，魏王豹是魏王咎的堂弟，是真正魏王的后代。"就任命彭越做魏国国相，独揽兵权，平定梁地。

刘邦在彭城战败，向西溃退，彭越把他攻占的城池又都丢掉了，独自带领军队向北驻守在黄河沿岸。汉三年，彭越经常往来出没替刘邦游动出兵，攻击楚军，在梁地断绝他们的后援粮草。汉四年冬，项羽和刘邦在荥阳相持，彭越攻下睢阳、外黄等十七座城邑。项羽听到这个消息，就派曹咎驻守成皋，亲自向东收复了彭越攻克的城邑，又都归复楚国所有。彭越带着他的队伍北上谷城。汉五年秋，项羽的军队向南撤退到夏阳，彭越又攻克昌邑旁二十多个城邑，缴获谷物十多万斛，用作刘邦的军粮。

刘邦打了败仗，派使者叫彭越合力攻打楚军。彭越说："魏地刚刚平定，还畏惧楚军，不能前往。"刘邦举兵追击楚军，却被项羽在固陵战败，便对张良说："诸侯的军队不跟着来参战，可怎么办呢？"

张良说："齐王韩信自立，不是您的本意，韩信自己也不放心。彭越本来平定了梁地，战功累累，当初您因为魏豹的缘由，只任命彭越做魏国的国相。如今，魏豹死后又没有留下后代，何况彭越也打算称王，而您却没有提早作出决断，您和两国约定：假如战胜楚国，睢阳以北到各城的土地，都分封给彭相国为王；从陈以东的沿海地区，分封给齐王韩信。齐王韩信的家乡在楚国，他的本意是想再得到自己的故乡。您能拿出这些土地答应分给二人，这两个人很快就可以召来，即使不能来，事情发展也不至完全绝望。”

于是刘邦派出使者到彭越那里，按照张良的计策行事。使者一到，彭越就率领着全部人马在垓下和刘邦的军队会师，于是大败楚军。那年春天，刘邦封彭越为梁王，建都定陶。

汉六年（公元前201年），彭越到陈地，朝见刘邦。九年，十年，都来长安朝见。

汉十年秋天，陈豨在代地造反，刘邦亲自率领部队前去讨伐，到达邯郸，向彭越征兵。彭越说有病，派出将领带着军队到邯郸。刘邦很生气，派人去责备彭越。彭越很害怕，打算亲自前往谢罪。他的部将扈辄说：“大王当初不去，被他责备了才去，去了就会被捕。不如就此出兵造反。”彭越不听从他的意见，仍然说有病。

有一次，彭越对太仆很生气，打算杀掉他。太仆慌忙逃到刘邦那儿，控告彭越和扈辄阴谋反叛。于是刘邦派使臣出其不意地袭击彭越，彭越不曾察觉，遭到逮捕，被囚禁在洛阳。经主管官吏审理，认为他谋反的罪证具备，请求刘邦依法判处。刘邦赦免了他，废为平民百姓，流放到蜀地青衣县。

彭越向西走到郑县，正赶上吕后从长安来，打算前往洛阳。彭越对着吕后哭泣，分辩说自己没有罪行，希望回到故乡昌邑。吕后答应下来，和他一块向东去洛阳。

吕后向刘邦陈述说："彭越是豪壮而勇敢的人，如今把他流放蜀地，这是给自己留下祸患，不如杀掉他。所以，我带着他一起回来了。"

于是，吕后就让彭越的门客告他再次阴谋造反。廷尉王恬开呈报请诛灭彭越家族，刘邦批准，于是诛杀了彭越，灭其家族，封国被废除。

卢绾被逼造反

卢绾是丰邑人，和刘邦是同乡。卢绾的父亲和刘邦的父亲非常要好，等到生儿子时，刘邦和卢绾又是同一天出生，乡亲们抬着羊酒去两家祝贺。等到刘邦、卢绾长大了，在一块读书，又非常要好。乡亲们见这两家父辈非常要好，儿子同日出生，长大后又很要好，再次抬着羊酒前去祝贺。刘邦还是平民百姓的时候，被官吏追拿需要躲藏，卢绾总是随同左右，东奔西走。到刘邦从沛县起兵时，卢绾以宾客的身份相随，到汉中后，担任将军，总是陪伴在刘邦身边。跟从刘邦东击项羽时，以太尉的身份不离左右，可以在刘邦的卧室内进进出出，衣被饮食方面的赏赐丰厚无比，其他大臣没人能企及，就是萧何、曹参等人，也只是因事功而受到礼遇，至于说到亲近宠幸，没人能赶得上卢绾。卢绾被封为长安侯。

汉五年（公元前202年）冬，刘邦已经击败了项羽，就派卢绾另带一支军队，跟刘贾一起攻打临江王共尉，大胜。七月班师，卢绾又跟随刘邦攻打燕王臧荼，臧荼投降。刘邦平定天下之后，在诸侯中不是刘姓而被封王的共有七个人。刘邦想封卢绾为王，但又害怕群臣怨恨不满。等到俘虏臧荼之后，就下诏封将相们为列侯，在群臣中挑选有功的人封为燕王。文武群臣都知道刘邦想封卢绾为王，就一齐上言道："太尉长安侯卢绾经常跟随皇帝平定天下，功劳最多，可以封为燕王。"皇帝下诏批准了此项建议。汉五年八月，立卢绾为燕王，所有诸侯王受到的皇帝宠幸都比不上燕王。

汉十一年（公元前194年）秋天，陈豨在代地造反，刘邦到邯郸去攻打陈豨的部队，燕王卢绾也率军攻打他的东北部。在这时，陈豨派王黄去向匈奴求救。燕王卢绾也派部下张胜出使匈奴，声称陈豨等人的部队已被击败。张胜到匈奴以后，前燕王臧荼的儿子臧衍逃亡在匈奴，见到张胜说："您之所以在燕国受重用，是因为您熟悉匈奴事务。燕国之所以能长期存在，是因为诸侯多次反叛，战争连年不断。现在您想为燕国尽快消灭陈豨等人，但陈豨等人被消灭之后，接着就要轮到燕国，您这班人也要成为俘虏了。您为什么不让燕国延缓攻打陈豨而与匈奴修好呢？战争延缓了，能使卢绾长期为燕王，如果汉朝有紧急事变，也可以借此安定国家。"

张胜认为他的话对，就暗中让匈奴帮助陈豨攻打燕国。燕王卢绾怀疑张胜和匈奴勾结，一起反叛，就上书刘邦请求把张胜满门抄斩。张胜返回，把之所以这样干的原因全部告诉了卢绾。卢绾觉悟了，就找了一些替身治罪处死了，把张胜的家属解救出来，使张胜成为匈奴的间谍，又暗中派遣范齐到陈豨的处所，想让他长期叛逃在外，使战

争连年不断。

汉十二年（公元前 193 年），东征英布，陈豨经常率军在代地驻扎，汉派遣樊哙攻打陈豨并将其斩杀。他的一员副将投降，说燕王卢绾派范齐到陈豨处互相交通情报，商议策划。刘邦派使臣召卢绾进京，卢绾称病推托不往。刘邦又派辟阳侯审食其、御史大夫赵尧前去迎接卢绾，并顺便查问卢绾的部下臣子。卢绾更加害怕，闭门躲藏不出，对自己宠信的臣子说："不是刘姓而被封为王的，只有我卢绾和长沙王吴芮了。去年春天，汉朝把淮阴侯韩信满门抄斩，夏天，又杀掉了彭越，这都是吕后的计谋。现在皇帝重病在身，把国事全部交给了吕后。而吕后是个妇女，总想找个借口杀掉异姓诸侯王和功高的大臣。"

卢绾仍是推托有病，拒绝进京。卢绾的部下臣子都逃跑躲藏。但卢绾的话泄露出一些，辟阳侯听到了，便把这一切都报告了刘邦，刘邦更加生气。后来，汉朝又得到一些投降的匈奴人，说张胜逃到匈奴中，是燕王的使者，于是刘邦认为卢绾真的反了，就派樊哙攻打燕国。燕王卢绾把自己所有的宫人家属以及几千名骑兵安顿在长城下，等待机会，希望刘邦病好之后，亲自进京谢罪。四月，刘邦逝世，卢绾也就带领部下逃入匈奴，匈奴封他为东胡卢王。卢绾受到匈奴的侵凌掠夺，总是想着重返汉朝。过了一年多，卢绾在匈奴逝世。

在高后时，卢绾的妻子儿女逃出匈奴重投汉朝，正赶上高后病重，不能相见，住在了燕王在京的府邸，高后准备在病好之后再设宴相见。但高后竟去世了，未能见面。卢绾的妻子也因病去世。

汉景帝中元六年（公元前 144 年），卢绾的孙子卢他之以东胡王的身份向汉投降，被封为亚谷侯。

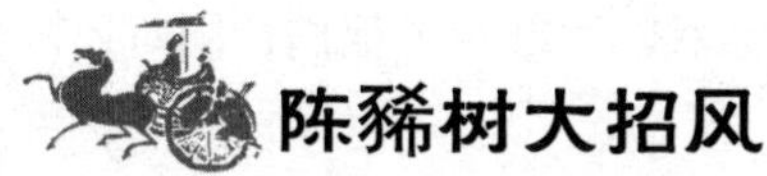

陈豨树大招风

陈豨，是宛朐人，不知当初是什么原因得以跟从刘邦。到汉七年（公元前200年）冬天，韩王韩信反叛，逃入匈奴，刘邦到平城而回，封陈豨为列侯，以赵国相国的身份率领督统赵国、代国的边防部队，这一带戍卫边疆的军队统归他管辖。

陈豨曾休假回乡路过赵国，赵相国周昌看到陈豨的随行宾客有一千多辆车子，把邯郸所有的官舍全部住满了。而陈豨对待宾客总是谦卑恭敬，平易近人，因为他是梁国人，非常仰慕信陵君的遗风，也喜欢广纳门客。没想到，这使他受到猜疑。

陈豨回到代国，周昌就请求进京朝见。见到刘邦之后，把陈豨宾客众多，在外独掌兵权好几年，恐怕会有变故等事全盘说出。刘邦就命人追查陈豨的宾客在财物等方面违法乱纪的事，其中不少事情牵连到陈豨。陈豨非常害怕，暗中派宾客到王黄、曼丘臣处通消息。到汉十年（公元前197年）七月，刘邦的父亲去世了，刘邦派人召陈豨进京，但陈豨称自己病情严重。九月，便与王黄等人一同反叛，自立为代王，劫掠了赵、代两地。

刘邦听说之后，就一律赦免了被陈豨所牵累而进行劫掠的赵、代官吏。刘邦亲自前往，到达邯郸后高兴地说：“陈豨不在南面占据漳

水，北面守住邯郸，由此可知他不会有所作为。”赵相国上奏请求把常山的郡守、郡尉斩首，说：“常山共有二十五座城池，陈豨反叛，失掉了其中二十座。”刘邦问：“郡守、郡尉反叛了吗？”赵相国回答说：“没反叛。”刘邦说：“这是力量不足的缘故。”赦免了他们，同时还恢复了他们的守尉职务。

刘邦问周昌说：“赵国还有能带兵打仗的壮士吗？”周昌回答说：“有四个人。”然后让这四个人拜见刘邦，刘邦一见便破口大骂道：“你们这些小子们也能带兵打仗吗？”四个人惭愧地伏在地上。但刘邦还是各封给他们一千户的食邑，任命为将。

左右近臣谏劝道：“有不少人跟随您进入蜀郡、汉中，其后又征伐西楚，有功却未得到普遍封赏，现在这几个人有什么功劳而予以封赏？”刘邦说：“这就不是你们所能了解的了！陈豨反叛，邯郸以北都被他所占领，我用紧急文告来征集各地军队，但至今仍未有人到达，现在可用的就只有邯郸一处的军队而已。我何必要吝惜封给四个人的四千户，而不用它来抚慰赵地的年轻人呢！”左右近臣都说：“对。”于是刘邦又问：“陈豨的将领都有谁？”左右回答说：“有王黄，曼丘臣，以前都是商人。”刘邦说：“我知道了。”于是各悬赏千金来求购王黄、曼丘臣等的人头。

汉十一年（公元前 196 年）冬天，汉军在曲逆城下攻击并斩杀了陈豨的大将侯敞、王黄，又在聊城把陈豨的大将张春打得大败，斩首一万多人。太尉周勃进军平定了太原和代郡。十二月，刘邦亲自率军攻打东垣，但未能攻克，叛军士卒辱骂刘邦。不久东垣投降，凡是骂刘邦的士卒一律斩首，其他没骂的士卒则处以黥刑（在额头上刺字），把东垣改名真定。王黄、曼丘臣的部下所有被悬赏征求的，一律都被活捉，自此陈豨的军队也就彻底溃败了。

刘邦到达洛阳，说："代郡地处常山的北面，赵国却从山南来控制它，太遥远了。"于是就封儿子刘恒为代王，以中都为国都，代郡、雁门都隶属代国。

汉十二年（公元前 195 年）冬天，樊哙的士卒追到灵丘把陈豨斩首。

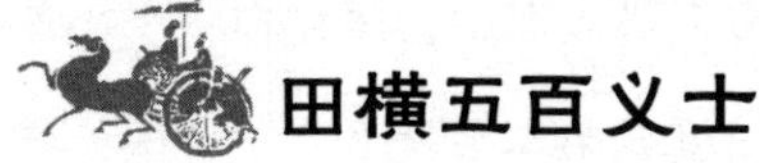

田横五百义士

田横平定齐国三年之后，刘邦派郦食其到齐国，试图说服田广和田横，要他们归顺汉朝。田横认为此事可行，就解除了齐国在历下对汉军的防备。汉将韩信本来带兵将要向东攻打齐国。齐国起初曾派华无伤、田解带领军队在历下驻扎以抗拒汉军。等到汉使者到来，就废弃了守城的战备，放任兵士饮酒，并派使者与汉朝讲和。但汉将韩信在平定了赵国、燕国之后，用蒯通的计策，越过平原，突然出击，打败了齐国在历下驻扎的守军，接着又攻入临淄。齐王田广、丞相田横见汉军突然出现，非常生气，认为自己被郦食其出卖了，立刻烹杀郦食其。齐王田广往东逃到高密，丞相田横逃到博阳，守相田光逃向城阳，将军田既带领军队驻守胶东。这时，楚国派来龙且带领军队救助齐国，齐王田广与龙且在高密会师。汉将韩信与曹参在高密大破齐楚

联军，杀死楚将龙且，俘虏齐王田广。汉将灌婴继续追击，又俘虏了齐国守相田光。灌婴继续进军，到达博阳。而田横听到齐王田广已死，就自立为齐王，转过来与灌婴交战。在嬴下，田横的军队被灌婴打得大败。田横逃到梁地，投归彭越。这时，彭越拥兵梁地，在楚汉之间保持中立。韩信在杀死了楚将龙且之后，接着便命令曹参继续向胶东进军，在这里杀死了田既。他又命灌婴追击齐将田吸，在千乘将他斩杀。这样，韩信便平定了齐地，向刘邦上书，请立自己为齐国假王，刘邦也就因势立韩信为齐王。

过后一年多，刘邦消灭了项羽，就自立为皇帝，封彭越为梁王。田横害怕被杀，就带领他的部下五百多人逃入海中，居住在一个小岛之上。刘邦听到这个消息之后，认为田横兄弟本来就平定了齐国，齐国的贤士大都依附于他，如今要让他流落在海中而不加以收揽的话，以后恐怕难免有祸患。因此就派使者赦免田横之罪并且召他入朝，田横却辞谢说："我曾经烹杀了陛下的使者郦食其，现在我又听说郦食其的弟弟郦商是一个很有才能的汉朝将领，所以我非常害怕，不敢奉诏进京，请求您允许我做一个平民百姓，待在这海岛上。"使者回来报告，高祖立刻下诏给卫尉郦商说："齐王田横将要到京，谁要敢动一下他的随从人员，立刻满门抄斩！"接着又派使者拿着符节把皇帝下诏指示郦商的情况原原本本地告知田横，并且说："田横若是来京，最大可以封为王，最小也可以封为侯；若是不来的话，将派军队加以诛灭。"田横于是和他的两个门客一块儿乘坐驿站的马车前往洛阳。

在离洛阳三十里远，有一个叫尸乡的地方，这一天田横等人来到此地驿站。田横对汉使说："作为人臣拜见天子应该沐浴一新。"于是就住下来。田横对他的门客说："我田横起初和汉王都是南面称孤的王，而现在汉王做了天子，而我田横却成了亡国奴，要北面称臣侍奉他，这本来就是莫大的耻辱了。更何况我烹杀了人家的兄长，再与他的弟弟来并肩侍奉同一个主子，纵然他害怕皇帝的诏命，不敢动我，难道我于心就毫不羞愧吗？再者，皇帝陛下召我来京的原因，不过是想见一下我的面貌罢了。如今皇帝就在洛阳，现在我割下我的头颅，快马飞奔三十里的工夫，我的容貌还不会改变，还是能够看一下我究竟是什么样子的。”

说完之后，田横就自刎了，命两个门客手捧着他的头，跟随使者飞驰入朝，奏知刘邦。刘邦说道：“哎呀！能有此言此行，真是了不起呀！从平民百姓起家，兄弟三个人接连为王，难道不是贤能的人吗！”刘邦忍不住为他流下了眼泪。之后刘邦拜田横的两个门客为都尉，并且派两千名士卒，以诸侯王的礼节安葬了田横。

安葬完田横之后，两个门客在田横墓旁挖了个洞，自刎倒在洞里，追随田横死去。刘邦听说此事之后，大为吃惊，认为田横的门客都是贤才。刘邦听说田横手下还有五百人在海岛上，又派使者召他们进京。进京之后，这五百门客听到田横已死，也都自杀追随。由此更可以了解田横兄弟确实是能够得到贤士拥戴的人。

叔孙通制定朝仪

汉五年（公元前202年），天下已经统一，诸侯们在定陶共同尊推汉王刘邦为皇帝，叔孙通负责拟定仪式礼节。当时刘邦把秦朝的那些严苛的仪礼法规全部取消，只是拟定了一些简单易行的规矩。可是群臣在朝廷饮酒作乐争论功劳，醉后有的狂呼乱叫，甚至拔出剑来砍削庭中立柱，刘邦为这事感到头疼。叔孙通知道皇帝越来越讨厌这类事，就劝说道："那些儒生很难为您进攻夺取，可是却能够帮您保守成果。我希望征召鲁地的一些儒生，跟我的子弟们一起制定朝廷上的仪礼。"刘邦说："只怕会像过去那样的烦琐难行吧？"叔孙通说："五帝有不同的乐礼，三王有不同礼节。礼，就是按照当时的世事人情给人们制定出节制或修饰的法则。所以从夏、殷、周三代的礼节有所沿袭、删减和增加的情况看就可以明白这一点，就是说不同朝代的礼节是不相重复的。我愿意略用古代礼节与秦朝的仪礼糅合起来制定新礼节。"刘邦说："可以试着办一下，但要让它容易通晓，考虑我能够做得到的。"

于是叔孙通奉命征召了鲁地儒生三十多人。鲁地有两个儒生不愿去，说："您所奉事的将近十位君主，都是靠当面阿谀奉承取得亲近、显贵的。如今天下刚刚平定，死去的还来不及埋葬，伤残的还欲动不能，又要制定礼乐法规。从礼乐兴办的根由看，只有积累功德，百年以后，才能时兴起来。我们不违心替您办这种事。您办的事不合古法，我们不去。您还是去吧，不要玷污了我们！”叔孙通笑着说：“你们真是书呆子啊，一点也不懂顺应时势。”

叔孙通就与征召的三十人西行，加上刘邦左右治学的人以及他自己的弟子一百多人，在郊外拉起绳子表示施礼的处所，立上茅草代表位次的尊卑进行演练。演习了一个多月，叔孙通说：“皇帝可以来视察一下。”刘邦视察后，让他们向自己行礼，然后说：“我能做到这些。”于是命令群臣都来学习，这时正巧是十月，能进行岁首朝会的实际排练。

汉七年（公元前200年），长乐宫建成，诸侯、群臣都来参加十月的朝会。礼仪是：天刚亮时，谒者开始主持礼仪，引导着诸侯群臣、文武百官依次进入殿门，廷中排列着战车、骑兵、步兵和宫廷侍卫军士，摆设着各种兵器，树立着各式旗帜。谒者传呼“小步快走”。于是所有官员各入其位，大殿下面郎中官员站在台阶两侧，台阶上有几百人之多。凡是功臣、列侯、各级将军军官都按次序排列在西边，面向东；凡文职官员从丞相起依次排列在东边，面向西。大行令安排的九个礼宾官，从上到下地传呼。于是刘邦乘坐“龙辇”从宫房里出来，百官举起旗帜传呼警备，然后引导着诸侯王以下至六百石以上的各级官员依次毕恭毕敬地向刘邦施礼道贺。诸侯王以下的所有官员没有一个不因这威严仪式而惊惧肃敬的。等到仪式完毕，再摆设酒宴大礼。诸侯百官等坐在大殿上都敛声屏气地低着头，按照尊卑次序站起来向刘邦祝颂敬酒。斟酒九巡，谒者宣布“宴会结束”。最后监察官员执行礼仪法规，找出那些不符合礼仪规定的人把他们带走。从朝见到宴会的全部过程，没有一个敢大声说话和行动失当的人。

大典之后，刘邦非常得意地说："我今天才知道当皇帝的尊贵啊。"于是授给叔孙通太常的官职，赏赐黄金五百斤。

叔孙通顺便进言说："各位弟子儒生跟随我时间很久了，跟我一起制定朝廷仪礼，希望陛下授给他们官职。"刘邦让他们都做了郎官。叔孙通出宫后，把五百斤黄金，都分赠给各个儒生了。这些儒生都高兴地说："叔孙先生真是大圣人，通晓当代的紧要事务。"

至此，汉朝的统治秩序完全建立起来，刘邦这个平民出身的皇帝也完成了贵族化的包装。

参考文献

[1] 常万生. 项羽[M]. 北京：华夏出版社，2006.

[2] 史杰鹏. 楚汉争霸[M]. 北京：华夏出版社，2012.

[3] 黄中业. 汉高祖刘邦传[M]. 吉林：吉林人民出版社，2010.

[4] 黎东方. 细说秦汉[M]. 陈文豪，整理. 上海：上海人民出版社，2013.

[5] 吕思勉. 秦汉史[M]. 北京：中国友谊出版公司，2009.

[6] 司马迁. 史记[M]. 北京：中华书局，2014.

[7] 张大可，徐日辉. 张良萧何韩信评传[M]. 南京：南京大学出版社，2011.

[8] 朱永嘉. 刘邦与项羽[M]. 北京：中国长安出版社，2013.

后 记

本系列图书详细介绍了中国历史上的十大战争，以独特的角度展现了波澜壮阔的中华文明史、可歌可泣的民族融合史，展现了古代将领的卓越智慧和军事谋略。为此，本系列图书的作者付出了辛勤的劳动和汗水。

本书的出版，还得到了中国财富出版社的大力支持，在此，谨向社领导和编辑同志表示由衷的感谢！

本书在编撰过程中参考了大量资料，其中有历史文献、学者著作，也不乏一些历史爱好者们所著的图书。所参考资料大部分已经过作者同意，并已付予适当稿酬，但也因为各种原因，有些参考图书的作者无法联系上。如书中观点、内容雷同于贵君所著书籍，烦请您及时与我取得联系，获得稿酬。

联系人：姜正成

邮　箱：945767063@qq.com